世界は変えられる

マルクスの哲学への案内

牧野広義 著
Hiroyoshi Makino

学習の友社

はじめに

今日、世界中の人々が「世界を変えよう」と考え、行動しています。

2014年度のノーベル平和賞を受賞したマララ・ユスフザイさんは、前年の国連の演説で、「一人の子ども、一人の教師、1冊の本、そして1本のペンが、世界を変えられます」と述べて、教育の権利を訴えました。また、平和の実現、人権や社会的正義の実現のために世界中の人々が「世界の変革」を願っています。日本でも、日本を「戦争をする国」にすることに反対する運動、平和憲法を生かし、立憲主義をとりもどす運動、フクシマの原発事故の教訓を学んで脱原発を進める運動、ワーキングプアや過労死・過労自殺をなくそうという運動などが高まっています。今こそ「世の中を変える」運動とそのための思想や理論が必要です。

資本主義社会で「世界を変える」という思想を提唱した元祖は、カール・マルクスです。「哲学者たちは世界をさまざまに解釈したにすぎない。肝心なことは世界を変革することである」というマルクスの言葉は有名です。この言葉は、現在も、マルクスが学んだベルリン大学（第二次大戦後はフンボルト大学）の正面玄関を入ったすぐの階段の壁に掲げられています。1989年にベルリンの壁が崩壊し、1990年に東ドイツが崩壊しても、マルクスのこの言葉は残されました。ドイツの人々にとって、この言葉は貴重なものと考えられています。*

＊2010年にベルリン大学は創立200周年を迎

えました。その記念事業の一つとして、マルクスの言葉がある階段の一段一段に「階段に注意」という言葉が付けられました（写真上）。マルクスのいう「世界の変革」を階段の一段一段を踏んで実現していこうという趣旨です（筆者撮影）。

では、「世界の変革」というマルクスの言葉は何を意味しているのでしょうか。またマルクスは、どうすれば世界を変革できると考えたのでしょうか。私たちはマルクスの言葉を知っているだけでなく、彼が何を考えたのかも知る必要があります。「世の中を変えたい」と思っている私たちにとって、マルクスの思想は有意義なヒントを与えてくれるでしょう。その思想を学んで、それを私たちの生活と実践に生かしたいものです。

この本では、「世界の変革」というマルクスの思想を考える仕方で、マルクスの哲学への案内としたいと思います。

もくじ

第1章

マルクスから「世界の変革」の思想を学ぼう

1　マルクスの紹介

マルクスは1818年にドイツ西部のトリアという町で生まれ、1883年にイギリスのロンドンでなくなりました。その生涯は、資本主義の世界を変えるための理論と運動にささげられました。彼は革命的理論家として生涯を送りました。しかし、彼は生まれながらの革命家でも理論家でもありません。現実の世界に対する真剣な態度と、たゆみない研究、そして労働者の解放への熱い思いと実践が、彼を革命的理論家に育てあげたのです。

大学からライン新聞へ

マルクスは法律家の息子として生まれました。そしてドイツのボン大学とベルリン大学で学びました。入学したのは法学部ですが、法学だけでなく、むしろ哲学と歴史に興味をもって学んだようです。博士の学位論文は、古代ギリシアのデモクリトスとエピクロスの自然哲学についての研究でした。大学卒業後、ボン大学への就職を希望しましたが、マルクスの先輩のバウアーがボン大学から追放される事件がおきました。マルクスは、大学への就職の道が閉ざされて、『ライン新聞』の編集者になりました。

マルクスは『ライン新聞』に評論を書く仕事をしました。彼は「出版の自由」をめぐる議論などで健筆をふるいました。その中で、土地の所有権の問題や農民の貧困などの物質的な利害関係、自由貿易か保護貿易かなどの経済問題にぶつかりました。またフランスから入ってきた社会主義・共産主義の思想の研究の必要を感じました。そのような時期に、『ライン新聞』は当時のプロイセン政府から出版禁止命令を受けました。マルクスはこの機会に『ライン新聞』を退職し、自分の課題を解決するための研究を行うことにしました。

パリでの研究から『共産党宣言』出版など

マルクスは、パリに移って、経済学や哲学の研究に没頭しました。また友人のルーゲ（1803〜1880）と『独仏年誌』（ドイツ・フランス年誌）という雑誌の発行を行いました。この雑誌に「ヘーゲル法哲学批判序説」や「ユダヤ人問題のために」という論文を掲載しました。しかしパリでも、マルクスらがプロイセン政府を批判したことが原因で、プロイセン政府の意向を受けてフランスのギゾー首相がマルクスらに追放命令を出しました。

マルクスはパリからベルギーのブリュッセルに移り、ここで友人のエンゲルス（1820〜1895）と共同研究を行いました。彼らは『聖家族』（1844年）という本の出版を行い、『ドイツ・イデオロギー』という本の原稿も共同で執筆しました。当時はさまざまな社会主義者が理論を提唱していました。その一人にプルードン（1809〜1865）がいました。マルクスはプルードンを批判する『哲学の貧困』（1847年）という本も出版しました。

さらに、1848年はヨーロッパの革命の年です（フランスの二月革命、ドイツの三月革命など）。この時期に、マルクスはエンゲルスとともに、共産主義者同盟の立場を明らかにするために、『共産党宣言』（1848年）を発表しました。またマルクスらはベルギーで「ドイツ人労働者協会」をつくり、マルクスはここで労働者を対象にして「賃労働と資本」という講演も行いました。

1848年の革命運動の高揚のなかで、マルクスはベルギーから「強制退去」させられました。マルクスはその旺盛な活動の場をドイツのケルンに移し、『新ライン新聞』を発行して活躍しました。しかしここでも『新ライン新聞』の発行禁止や、共産主義者同盟員の逮捕などの弾圧がありました。

マルクスは、1849年にロンドンに亡命して、大英博物館の膨大な資料を利用して経済学批判の研究をひき続き行いました。そして1859年に『経済学批判』を出版しました。

『経済学批判』から『資本論』へ

以上の紹介は、マルクスが『経済学批判』の「序言」の中で「私自身の経済学研究の歩み」を述べたものに補足を加えたものです。マルクスはこの「歩み」を述べた後で、彼の研究が「支配階級の利己的な偏見と一致しない」としても、「長年にわたる良心的な研究の成果」であることはわかってもらえるであろうと書いています（『経済学批判への序言・序説』新日本出版社、18～19ページ。なお、本書で引用する文献の翻訳は牧野が適宜変更しています）。

そして、「序言」の最後では、「学問の入口には、地獄の入口と同じように次の要求が掲げられなければならない」として、ダンテの『神曲』から次の言葉を引用しています。

「ここに一切の恐怖は捨てられねばならぬ。ここに一切の卑怯は死なねばならぬ。」（同、19ページ）

これは、真理の探究と労働者階級の解放のために、一切の「恐怖」を捨て、「卑怯」を排するというマルクスの決意が示されています。

その後、マルクスはロンドンで経済学批判の仕事をさらに進めました。また1864年にロンドンでの「国際労働者協会」の創設に参加し、その指導者としても活躍しました。そして1867年に、ようやく彼の主著である『資本論』第一部を出版することができました。これらによってマルクスの科学的社会主義の理論がしだいに大きな影響力をもつようになりました。

2　労働によって人間らしさが失われる――疎外された労働

青年マルクスのパリ時代の研究は、彼の思想の重要な出発点になっています。

マルクスが発表した「ヘーゲル法哲学批判序説」（1844年）では、すでに、資本主義の現実を変革する力は、労働者（プロレタリアート）にあることが主張されています。マルクスは、「理論といえども、大衆をつかむやいなや、物質的な威力となる」（『ヘーゲル法哲学批判序論』国民文庫、342ページ）と言いました。そして人間の解放のために、「哲学がプロレタリアートのうちにその物質的武器を見出すように、プロレタリアートは哲学のうちに精神的武器を見出す」（同、351ページ）と言いました。マルクスは、このような労働者階級の現状と将来の可能性に目を向けて研究を行いました。

疎外された労働

マルクスは1844年に『経済学・哲学草稿』を執筆しました。この中で特に注目される議論は、資本が支配する社会では、労働者は労働によって人間らしさを失うということです。

マルクスが研究したアダム・スミス（1723〜1790）らの国民経済学では、資本と労働とが分離されていることを前提にしています。つまり、資本家は土地を手に入れて工場を建設し、機械や原材料などを購入します。この土地・工場・原材料などは「生産手段」と呼ばれます。資本家は生産手段を所有しています。他方で、財産をもたない労働者は、資本家に雇われて、労働に従事します。

ここから、マルクスは資本主義社会では、労働において「疎外《そがい》」が起こると言います。「疎外」とは、ドイツ語では「疎遠なものになる」という意味です。「疎外」の「疎」は「うとましい」を意味し、「外」は「自分の外のもの」です。つまり「疎外」とは、もともとは自分のものであるものが、自分とは疎遠なものになり、かえって自分を支配するということです。「疎外された労働」とは、労働者は自分の労働によって豊かになるどころか、かえって自分を貧弱なものにしてしまい、人間らしさを失ってしまうことです。

マルクスは、次のような四つの疎外を論じました。

生産物からの疎外

第一は、「生産物からの疎外」です。労働者がつくった生産物はけっして自分のものにはなりません。なぜなら、労働者は資本家に雇われて働くだけだからです。労働の成果はすべて資本家の所有物になります。資本家はそれによって大きな利益を得ます。労働者には安い賃金が支払われるだけです。労働者はどんなにすばらしい生産物をつくっても、それは自分のものにはならず、むしろ労働者のエネルギーが生産物に吸い取られます。

マルクスが経済学を研究したころのイギリスの労働者は、1日15時間以上も働いていました。この中で、自分のエネルギーがどんどん生産物に吸収されてしまいます。その生産物によって大きな利益を得るのは資本家です。労働者は貧弱になるばかりです。

今日の日本の労働者もこのような状態におかれている人々がいます。「ブラック企業」は労働者を徹底的にこき使い、大きな利益をあげています。「ワーキングプア」とよばれる人々はどんなに働いて成果をあげても、十分な賃金を得られません。生きていくことが精一杯です。マルクスのいう「生産物からの疎外」が労働者の貧困の原因なのです。

労働そのものからの疎外

第二は、「労働そのものからの疎外」です。労働者は生きるために働かなければなりません。労働は生きるための手段です。労働の現場では、労働者は命令されたとおりに働かなければなりません。労働はけっして自発的なものではなく、強制されたものです。とりわけ、機械が導入されると、労働者は機械に従属します。労働者には単純で部分的な労働が強制され、これが毎日、長時間続きます。

労働の楽しさやおもしろさはいっさい失われ、労働はただ苦しいもの、いやなものになります。これが「労働そのものからの疎外」です。

人間の類的本質からの疎外

第三に「人間の類《るい》的本質からの疎外」です。ここで「類」とは「人類」のことです。そして「人間の類的本質」とは、人間が人類としてもっている人間らしさです。マルクスは「人間の類的性格」を「自由な意識的活動」だと言います。人類は豊かな文明と文化をつくり上げてきました。ここには人間が自由に意識を発展させ、意識的な活動によって、文化を創造してきた歴史があります。ここに近代社会では、経済・政治・科学・文化・芸術などの領域で、「自由な意識的な活動」が発揮されています。

人類のこの「自由な意識的活動」を支えているのは、労働者の労働です。しかし、労働者は、生産物から疎外され、労働そのものから疎外されると、「自由な意識的活動」からも疎外されます。現場の労働は、自由でも、意識的でも、生き生きとした活動でもありません。それは強制された不自由な労働であり、自分で考えるのではなく、命令されたことだけをやる労働であり、機械に従属した労働です。

それだけではありません。長時間労働や過密労働が続くと、労働者の肉体も精神も破壊されます。その結果としておこるのが「過労死」です。19世紀のイギリスでも過労死が社会問題になりました。21世紀の日本でも、いまだに過労死がなくなりません。また過労からうつ病になり、自殺に追い込まれる「過労自殺」も増大しています。

ただし、今日の日本での「過労死・過労自殺」を考える場合、マルクスの時代とは違った特徴があります。それは、企業が労働者に「やりがい」をもたせるような働き方や賃金や昇格のしくみをつくって、労働者に「自発性」を発揮させようとしていることです。これは、企業のために長時間労働でも過重労働でもやらせるしくみです。ここでつくられている「自発性」は、企業の利益のための「強制された自発性」です。これによって、労働者が「過労死・過労自殺」に追い込まれていると言えます（熊沢誠『働きすぎに斃《たお》れて――過労死・過労自殺の語る労働史』岩波書店、参照）。

こうして、資本のもとでの労働によって、人間の人間らしさが奪われます。これが、「人間の類的本質からの疎外」です。

人間の人間からの疎外

第四は「人間の人間からの疎外」です。これは人間と人間との対立です。その人間とは、労働者と資本家です。労働者の生産物は資本家の所有物となります。労働者に労働を強制するのは資本家です。そして労働者の人間性を破壊するのは、資本のもとでの厳しい労働です。ここから、労働者と資本家が対立します。人間らしい労働を求める労働者と、あくまでも資本の利益を追求する資本家とのたたかいとなります。ここでは人間相互の共同性が失われ、階級的な敵対が支配的なものになります。

3　疎外の克服と人間らしい社会の実現

以上のような「疎外された労働」を克服するために、労働者は労働組合をつくり、資本家と交渉し、ストライキも行って、賃金の改善や労働時間の短縮のためにたたかってきました。その努力はきわめて重要です。

しかし同時にマルクスは、「疎外された労働」の克服のためには、資本主義社会の変革が必要だと考えました。「疎外された労働」の原因は、生産手段が資本家によって私的に所有されていることです。そこで、疎外を真に克服するためには、生産手段の私的所有という制度を変革することが必要です。それは、生産手段を、労働する人間の共同の社会的所有とすることです。ここでは、労働者が生産手段を共同で所有し、共同の労働によって生産物をつくりだします。生産物をどのように分配するかもまた、共同の事業になります。そのさい、共同労働によってつくられた生産手段（工場、機械、原材料など）や、社会の共同の生活手段（公共施設など）は、社会の共同所有ですが、個人の生活手段は個人の所有になります。

そこで、マルクスは、「人間の自己疎外としての私有財産の積極的廃棄としての共産主義、それゆえにまた人間による人間のための人間的本質の現実的な獲得としての共産主義」（『経済学・哲学草稿』岩波文庫、130ページ）を提唱します。つまり、人間の疎外を克服するために、生産手段を資本家の私有財産とするのではなく、社会の共同の所有にして、真に人間的な社会としての共産主義を実現することです。このような人間的な社会は、人間が自然とも調和する社会です。その意味で、マルクスは、共産主義は「自然主義としての人間主義」であり、「人間主義としての自然主義」だと言います。若いマルクスが人間の解放だけでなく、人間と自然との調和も考えていたことは、その後のマルクスの思想の発展にとっても重要です。

では、どうすれば、資本主義を変革して共産主義を実現できるのか。若いマルクスはまだこの答えを見つけていませんでした。そこで、マルクスは、資本主義社会を徹底的に分析して、資本主義社会を変えるための理論的探求を続けます。

そのさい、資本主義社会を研究するための「ものの見方・考え方」、つまり哲学が必要です。哲学とは、自然と社会の世界を人間はどのようにして認識するのか、また人間とは何か、そして人間はどのように実践するべきなのか、などを探求する学問です。

そのようなマルクスの哲学を学ぶために、次章から、マルクスの「フォイエルバッハにかんするテーゼ」について考えていきたいと思います。

第2章

現実は人間が主体的につくるもの
——マルクスの新しい唯物論

マルクスは、真に人間的な社会としての共産主義を主張しました。しかし、その実現のためには、まだまだ多くの研究課題があります。そこで、マルクスは、経済学や歴史の研究だけでなく、哲学の研究を進めました。

この章からは、青年マルクスが自分の哲学思想をノートに書き付けた「フォイエルバッハにかんするテーゼ」をとりあげたいと思います（フォイエルバッハ（1804〜1872）はマルクスの先輩の唯物論者です。また「テーゼ」とは、ある主張を簡潔に表現した文章のことです）。

この「テーゼ」は、フォイエルバッハを批判する短い文章を、1から11の番号を付けて述べたものです。同時にこの「テーゼ」は従来の古い唯物論を批判して、マルクスの新しい唯物論の主張を示しています。この「テーゼ」はマルクスの生存中には発表されませんでした。彼の死後、友人のエンゲルスがマルクスの若いころのノートからこの「テーゼ」を発見しました。エンゲルスはマルクスの「テーゼ」の表現を少し変えて、エンゲルス『フォイエルバッハ論』（1888年）の付録として公表しました。そこでエンゲルスは、この「テーゼ」には「新しい世界観の天才的な萌芽が記録されている」（『フォイエルバッハ論』新日本出版社、10ページ）と述べています。

この「テーゼ」からマルクスの「新しい唯物論」について考えたいと思います。

1　唯物論と観念論

哲学とは、唯物論とは、観念論とは

「哲学」は英語では「フィロソフィー」です。その語源は古代ギリシア語にあります。「フィロ」は愛すること、「ソフィー」は知恵を意味します。ですから「フィロソフィー」とは知恵を愛することであり、「知恵の探求」です。ここでの「知恵の探求」とは、いろいろな知識をたくさん持とうとすることではありません。人間とは何か、世界（自然と社会）は何か、などのように、人間と世界についての根本的な知識の探求です。

「フィロソフィー」は、日本で当初、「希哲学《きてつがく》」と訳されました。「希」は望むこと、「哲」は賢さを意味します。つまり、賢さを求める学問です。それがしだいに「哲学」という言葉になりました。

では、人間と世界についての根本的な知識の探求としての哲学では、どのようなことが問題になるでしょうか。人間は物質である身体と、精神とからなっています。その人間が世界（自然・社会）の中で生きています。それで、人間・自然・社会という世界において、物質と精神とはどちらが根源なのかが問われてきました。ここで、物質が根源だと主張する立場は「唯物論」（物質主義）です。精神が世界の根源だと主張する立場は「観念論」（精神主義）です。

古代ギリシアで、「万物の根源は水である」と言ったタレス（前624ころ〜前546ころ）や、「世界の根源はアトム（原子）である」と言ったデモクリトス（前460ころ〜前370ころ）らは、唯物論の立場です。「アトム」とは、物質を構成する微粒子で、それ以上は「分割できないもの」という意味です（しかし20世紀には、原子も原子核と電子などに分割されることが明らかになりました）。

それに対して、「神が世界を創造した」という主張は、「神」を精神的な存在と考えますから、哲学的には観念論です。「神」の代わりに、世界の原型となる「イデア」(英語のアイデア＝観念)を主張した古代ギリシアのプラトン(前427ころ～前347ころ)や、「理念」(イデー)が世界の根源だと主張した近代ドイツのヘーゲル(1770～1831)らは、やはり観念論の立場です。

ここで問われているのは、物質と精神のどちらが世界の根源かという問題であって、物質と精神のどちらが大切かという問題ではありません。このような世界の根源をめぐる唯物論と観念論との対立について、マルクスの思想を受け継いだエンゲルスは「哲学の根本問題」とよびました(『フォイエルバッハ論』新日本出版社、30ページ)。

フォイエルバッハの唯物論

マルクスは、大学でヘーゲルの観念論哲学を学びました。しかし、フォイエルバッハらの唯物論からも大きな影響を受けました。フォイエルバッハは、ヘーゲルやキリスト教を批判しました。フォイエルバッハによれば、キリスト教の「神」とは、人間の理性や意志や愛をもとにして、全知・全能で絶対的な愛の神として人間がつくったものです。にもかかわらず、人間は神を信仰し、神に服従します。こうして、神が絶対的で主体的なものになればなるほど、人間は主体性を失い、貧弱なものになる。これが、フォイエルバッハのいう「宗教における人間疎外」です。

マルクスは、フォイエルバッハの唯物論から学んで、「疎外」という概念を使って「疎外された労働」を論じました。これは、第1章で紹介したとおりです。マルクスは、一時はフォイエルバッハの哲学が最高の哲学だと考えました。しかしマルクスは、経済学の研究や、近代の唯物論と観念論とのたたかいをふり返るなどして、フォイエルバッハを含めた「古い唯物論」には欠陥があると考えるようになりました。そして「フォイエルバッハにかんするテーゼ」（1845年）で「新しい唯物論」を提唱しました（「フォイエルバッハにかんするテーゼ」は『［新訳］ドイツ・イデオロギー』新日本出版社、に収録されています。以下ではマルクス自身の表現のものを引用し、そのテーゼの番号を記します。訳文は牧野によるものです。また、〔　〕内は牧野の補足です）。

では、「古い唯物論」とマルクスの「新しい唯物論」はどこが違うのでしょうか。

2　古い唯物論とマルクスの新しい唯物論

古い唯物論の特徴と欠陥

唯物論は、物質を世界の根源ととらえ、現実をありのままに認識しようとします。そのさい、唯物論は感覚を重視して、感覚によってとらえられるものこそが現実であると考えます。これは、抽象的な思考だけでとらえた「神」や「霊魂」や「イデア」や「理念」などを批判する重要な議論です。「神」も「理念」もけっして感覚で確認することはできません。それらは、単に「観念」にすぎません。唯物論は、単なる観念に支配されることを厳しく批判します。また、唯物論が自然をありのままに認識することは自然科学の発展と結びつきます。社会の現実をありのままにとらえることは社会への批判に結びつきます。

しかし、現実を感覚によってありのままに見るだけでは、目に見える現象（現実の現れ）はわかっても、現実の深い本質はよくわかりません。また現実がどのようにしてつくられ、どのように変わっていくのかもよくわかりません。

そして、現実をありのままに見るということは、見る人間を「主体」や「主観」としてとらえ、見られる対象を「客体」や「客観」としてとらえることです。ここでは、見る「主体」と、見られる「客体」とが切り離され、別々のものになっています。人間は「主体」として、「客体」としての現実をただ外からながめているだけです。そこで、マルクスは古い唯物論を次のように批判しました。

「すべての従来の唯物論（フォイエルバッハの唯物論を含めて）の主要な欠陥は、対象、現実、感性が、たんに客体または観察の形式だけでとらえられ、感性的な人間的な活動として、実践としてとらえられず、主体的にとらえられなかったことである」（「テーゼ1」）。

この「テーゼ」の表現は難解です。しかしマルクスが言いたかったことは明確です。ここで「対象、現実、感性」という言葉はフォイエルバッハの用語で、それは「感性」（感覚）でとらえられる「現実」の「対象」を意味します。古い唯物論は現実の対象を感覚でとらえて、それをたんに「客体」として「観察」したにすぎません。この点をマルクスは批判します。

このような古い唯物論の欠陥は、人間の現実の活動や実践をとらえなかったことです。「感性的」とは〝感覚できる現実的な〟という意味です。ですから、「感性的な人間的な活動」とは、人間が実際に行っている労働や社会的実践を意味します。労働や社会的実践は、人間という「主体」が、自然を変えたり社会をつくったりすることです。ここでは、人間という「主体」が実践によって現実の「客体」の中に入り込むことになります。古い唯物論は、人間が実践によって現実にかかわる「主体的」なあり方をとらえなかったのです。

マルクスの新しい唯物論

自然や社会の現実は、人間の労働や社会的実践によってつくられ、再生産されています。人間が自然や社会の現実をつくっているのですから、そのつくり方を変えることができます。このことを主張したのが、マルクスの「新しい唯物論」です。

実際、自然の事物は人間の労働によってつくり変えられます。私たちの生活では、衣食住に必要なほとんどのものが労働の生産物です。また社会は人間がつくったものです。古い唯物論は、社会も自然と同じように、すでにできあがったものとしてとらえて、人間が社会をつくっていることを明確にとらえることができませんでした。

人間が社会関係をつくっていることを考えるために、資本家と労働者との関係を見てみましょう。資本家はもうけるために労働者を必要とします。資本家はもうける見込みがある限り、労働者を雇い続けます。しかし労働者には生活を維持するためのぎりぎりの賃金しか支払われません。賃金はすぐに生活費に消えていきます。労働者は、労働がどんなに厳しくても、生きていくためには働き続けなければなりません。そのためには、労働者は資本家に雇われ続けます。こうして、資本家と労働者との関係は繰り返し再生産されます。

政治的な支配関係においても、支配者は国民を強制力で支配するだけはありません。支配者は自分の権力の正当性を国民に認めさせて、支配者と被支配者との関係を継続的につくりあげようとします。国民もそれを認める限り、支配者と被支配者との関係は継続します。これは、政治的支配関係の再生産です。

古い唯物論は、人間の主体的実践をとらえず、人間の実践的な能動性を正面から議論しません。そのために、それは、現実をすでにできあがったものとして、固定的にとらえてしまいました。現実をただありのままに見ようとするだけでは、現実を受動的に受け入れることになります。

フォイエルバッハは、「実践」といえば、欲深いユダヤ人商人の行動のようなものしか考えませんでした。それに対して、古代ギリシア人が学問を発展させたように、「理論的態度」の方が真に人間的なものだとフォイエルバッハは考えました。この点でマルクスは、フォイエルバッハは「革命的な、実践的に批判的な活動」の意義を理解していないと批判します（「テーゼ1」）。

古い唯物論者のなかには、社会の現実をありのままにとらえて、権力者の横暴や民衆の貧困や悲惨な状況を批判した人もいます。しかし批判するだけに終わってしまい、どうすれば民衆の貧困や悲惨を真に解決できるかは明らかにできませんでした。

また、資本主義社会では、自由な経済活動などが実現され、身分制が否定され、対等な商品交換ができて、商品所有者の共同の利益が実現された。このように考えた唯物論者は、この資本主義社会を「自由・平等・友愛」の社会として肯定的に評価しました。しかし、資本主義の現実をあるがままにとらえるとしても、自由で平等な商品交換という表面だけしかとらえないと、現実を肯定するだけになってしまいます。

マルクスは、このような古い唯物論を批判します。マルクスが資本主義をどのようにとらえたかは、後に詳しく取り上げたいと思います。この章では、以上のような「古い唯物論」とマルクスの「新しい唯物論」の違いを確認しておいていただきたいと思います。

3　脱原発の運動を事例として

「古い唯物論」とマルクスの「新しい唯物論」との違い、そして「観念論」との違いを考えるために、最近のドイツの脱原発の運動をとりあげたいと思います。

1986年に起こった旧ソ連のチェルノブイリ原発事故のさいに、ドイツの森などが放射能によって汚染されました。この現実を見て、ドイツでは「原発は安全だ」という考えは吹き飛ばされました。ここから「脱原発」の運動も大きく広がりました。しかし、日本では、政府も、電力会社・大企業・官僚・マスコミなどの「原発利益共同体」もチェルノブイリの原発事故からも原発の危険性を認識せず、「原発安全神話」を広げ続けました。

ここには、哲学から見ても重要な問題があります。ドイツでは現実をありのままに見て、脱原発の議論が高まったのに対して、日本では「原発安全神話」という「観念論」が支配し続けたのです。しかし、ドイツでも原発の危険性を認識するだけでは、問題は解決しませんでした。というのは、原発を止めれば電力はどのように供給するのか、原発の代わりに火力発電を増大させれば、地球温暖化の原因になる二酸化炭素の排出を増大させるという、もう一つの現実があるからです。

　ドイツで脱原発を主張する人々は、問題の解決の方向を、実践によって切り開きました。それは、原発のすぐ前に風力発電機を建設した住民のように、風力発電や太陽光発電などを増大させることによって、原発から脱却できることを示したことです。この運動はドイツ中に広がり、自然エネルギーによってつくった電力を電力会社が固定価格で買い取る制度もできました。これによって、自然エネルギーによる電力は、原発による電力を上回る勢いで増大しました。そのさなかに、日本のフクシマの原発事故が起こりました。これによって、ドイツでは原発継続か、脱原発かの議論は、最終的に決着がつけられました。ドイツでは保守

的な政権であっても、国民の圧倒的な世論に押されて、原発の危険性と自然エネルギーの将来性を確認して、2022年までにすべての原発を廃止することを決定したのです。

ドイツの人々が行ったことは、「古い唯物論」のように、原発の危険性をよく知るだけでなく、マルクスの「新しい唯物論」が言うように、原発に代わる電力を自然エネルギーによってつくり出せることを実践的に示したことです。電力をつくるのも使うのも人間です。人間はエネルギーを選択できます。しかもドイツでは、農村でも都市でも、住民がみずからエネルギー供給会社やエネルギー協同組合をつくっています。これは、大企業の電力会社にたよらない社会的な仕組みです。電力を供給する社会制度も、住民が自分たちでつくりだせるのです。

ドイツのこのような経験は、人間は自然にも社会にも実践的にかかわり、そのあり方を主体的に変革できるという、マルクスの思想を実証しています。日本でも、ドイツの経験にも学びながら、「原発安全神話」と「原発利益共同体」の支配から脱却して、自然エネルギーを飛躍的に増大させて、脱原発を進めていく必要があります。

4　観念論と人間の意識の能動性

では、マルクスは観念論について、どのように評価するのでしょうか。マルクスは「新しい唯物論」を提唱しますので、当然、観念論には反対です。しかしマルクスは、歴史的に大きな影響力をもってきた観念論を単純には否定しません。

マルクスは、観念論は、意識や精神の能動性という仕方であってでも、人間の能動性や活動性を主張したと言います。とりわけ、マルクスが学んだドイツ観念論は、人間の意識が能動的に働いて科学的認識や人間の道徳性を発展させていると主張します。また、自我の能動性によって人間の主体的な自由を拡大し、精神の能動性によって世界史をつくり、フランス革命では「自由・平等・友愛」という思想によって、社会を変えたと言います。人間の能動性を主張する観念論は、近代社会において、とりわけ知識人に支持される根拠をもっていたのです。

しかし、観念論は、人間の能動性や活動性といっても、意識や精神の能動性を主張しただけです。ここでは、人間が労働によって自然をつくり変え、社会的実践によって、とりわけ階級闘争によって社会をつくり変えていることを、十分に認識していません。ですから、観念論は、観念や思想が現実をつくるという考えに固執するのです。

それに対して、マルクスの「新しい唯物論」は、人間が精神と身体を使って行う労働や社会的実践に注目します。人間の精神もまた人間の脳の活動です。人間は精神をもつものですが、物質的な存在であり、社会的な存在です。ですから、人間の実践は、自然や社会に働きかける現実的で物質的な活動です。それは、単なる意識や精神の活動ではありません。ここに、ドイツ観念論とマルクスの「新しい唯物論」との違いがあります。

以上のようにして、マルクスは古い唯物論の欠陥もドイツ観念論をも乗り越えて、「新しい唯物論」を提唱したのです。

第3章
環境の変革と人間の自己変革

マルクスの「新しい唯物論」は、人間の労働や社会的実践によって自然や社会を形成し、変革することを主張します。マルクスは「フォイエルバッハにかんするテーゼ」で、さらに進んで真理の問題、環境の変革と人間の自己変革の問題などを取り上げます。これがこの章のテーマです。

1　真理の認識と実践

人間は、自然と社会にかかわり、その真理を探求します。では、真理とは何でしょうか。真理とは、人間の認識が現実と合致していることです。つまり、自然や社会を認識して得た知識が現実をあるがままにとらえていること、これが真理です。しかし、真理をめぐっては哲学史上、さまざまな議論があります。まず、真理をめぐる議論を見てみましょう。

真理とはなにか

古い唯物論は、人間の感覚こそが現実をとらえ、感覚をもとにした認識が真理であると主張しました。古い唯物論は「知識はすべて経験から」と言います。この理論は、人間に感覚できない「神」や「霊魂」などを批判する点で意義があります。

しかし感覚には限界があります。人間の目には、太陽も月も星も地球の周りを回っているように見えます。ここから、古い時代から近代初頭に至るまで「天動説」が主張されてきました。しかしそれは真理ではありません。逆に、地球が太陽の周りを回っているという「地動説」への転換が必要でした。それはポーランドのコペルニクス（１４７３〜１５４３）やイタリアのガリレイ（１５６４〜１６４２）らによってなされました。人間は理性によって理論的な仮説を立て、それを検証する必要があります。直接には感覚できないことも理論的に説明することが重要なのです。

観念論は、人間の意識がつくる知識や理論を重視します。ここから、理論のつじつまが合っていること、つまり理論の「整合性」が真理の基準だとされます。数学のような合理的な理論や、合理的な思考によって構成された理論体系こそが真理だというのです。

しかし、合理的な理論であっても、それが自然や社会の法則を正しくとらえたものとは限りません。合理的な数学の体系は複数つくることができます。またつじつまのあった物語は、お話としては通用しても、それが現実の世界と合致しているとは限りません。知識や理論の整合性だけでは真理の基準にはならないのです。

不可知論と実用主義

観念論の中には次のような議論もあります。認識は人間の意識の中の出来事なので、現実そのものは知りえないという議論です。つまり、人間の意識の中の物は知りえても、物そのもの（「物自体《ものじたい》」）は知りえないと主張されます。この立場は、真理を知ることは不可能だという意味で、「不可知論《ふかちろん》」と呼ばれます。

私たちのまわりでも、むずかしい問題に出あったり、議論が対立したりすると、「本当のことは分からない」と言って、議論を打ち切る人もいます。そのような立場は、哲学では「不可知論」と呼ばれます。

さらに、認識が現実と合致しているかどうかが問題ではなく、実際の行動に役立てばよいという議論もあります。これは、行動に役立つ理論が真理だという「実用主義」（プラグマティズム）です。科学でも宗教でも、それが人間に役立てば真理だと主張されます。

しかし、ある人に役立つ理論が他の人には役立たないこともあります。自分の利益になることが他人の利益と対立することもあります。つまり、役立つ理論が真理なのではありません。逆に、理論が現実と合致した真理だからこそ、多くの人に役立つのです。

真理をめぐってこのような議論がされてきました。第2章で、唯物論と観念論との対立は「哲学の根本問題」だというエンゲルスの言葉を紹介しました。エンゲルスはまた、人間の意識は現実の世界を知ることができるかどうかという問題を「哲学の根本問題」の第二の側面と呼んでいます。エンゲルスはこの点でもマルクスから学んでいます。

マルクスの真理論――真理とは実践的な問題

では、マルクスの「新しい唯物論」は真理についてどのように主張するのでしょうか。マルクスは「テーゼ2」で次のように言います。

「人間の思考に対象的な真理が得られるかどうかという問題は――理論の問題ではなくて、実践的な問題である。実践において、人間は真理を、すなわち彼の思考の現実性と力、此岸性《しがんせい》を証明しなければならない」。

ここで、「対象的な真理」とは、対象と合致した認識としての真理のことです。人間の思考が真理を認識できるかどうかをめぐる論争は、理論だけでは決着がつきません。これは「理論の問題」ではなく「実践的な問題」なのです。

実践こそが、人間は真理を認識できることを証明します。つまり、思考が把握した理論にもとづいて、実験や実践を行うことによって、理論が現実と合致しているかどうかが確認できます。実験や実践において、理論から導かれる知識と、現実そのものとがつき合わされます。実践によって現実と合致していることが確かめられた理論が真理です。

したがって、人間の実践は「思考の現実性と力」を示し、「知は力」であることを証明します。また人間の思考を超えたかなた（彼岸）に神や霊魂の世界があるわけではありません。人間にとって認識不可能な「物自体」があるわけではありません。人間の思考は現実そのものを認識できること（思考の此岸性）を、実践が証明するのです。

自然科学と社会科学の真理性

自然科学の例では、自然を変化させる実験も、観察手段などを開発して行う精密な観察も、真理を検証する実践です。コペルニクスの「地動説」も、ニュートンの「万有引力」や運動法則なども、実践によって検証されました。天文学では、地動説や万有引力などにもとづきながら天体の運動を予測し、それを望遠鏡などの観測手段によって検証してきました。力学の法則は研究室の実験でも産業でも実証されています。

しかも、力学などを学んだ人は、それを応用してさまざまな機械を発明しました。時計工のワットが蒸気機関を発明し、理髪師のアークライトが紡績機を発明し、宝石職人のフルトンが汽船を発明しました。マルクスは『資本論』でこのような例をあげながら、「靴屋は靴屋であれ」という古い知恵は愚かなものになったと言います（『資本論』新書版、新日本出版社、第3分冊839ページ。以下、『資本論』③839ページのように略記します）。

では、マルクスの社会理論についてはどうでしょうか。確かに20世紀にロシア（旧ソ連）などで追求された「社会主義」は約70年で崩壊してしまいました。しかしその「社会主義」は、一党独裁のもとで官僚が司令し命令する計画経済をめざしたものです。それは、マルクスが主張したような、労働者が社会と生産の主人公となって、人間の自由や平等を実現する社会主義ではなかったことは明らかです。

他方で、資本主義が「勝利」したどころか、資本のグローバルな支配が広がる中で、貧困と格差が拡大し、経済恐慌が起こり、自然環境破壊も深刻になっています。また、それとたたかう労働者の運動も発展しています。これは、マルクスが『資本論』で明らかにした資本主義の現実そのものです。マルクスの理論は、資本主義の限界を明らかにするものとして今日ますます注目されています。

2　環境の変革と人間の自己変革

マルクスの「新しい唯物論」は、環境と人間の関係についても新しい見方を提示します。古い観念論には、人間の人生は生まれながらの性格や能力によって決まるという考え方があります。昔から「カエルの子はカエル」と言われました。このような考え方は現代でもあります。また観念論の中には、人間は自分の意志で選択して、自由にどんな人間にもなれるという考え方もあります。しかしこれはまさに現実を無視した「観念論」です。こんなことができるのは、よほど恵まれた環境で育った人や、よほど運のよい人だけでしょう。

それに対して、古い唯物論は、人間の性格や能力は環境によって決まると主張しました。この主張は、人間の能力を固定的に見ないで、教育や環境を重視するものです。この主張は進歩的なものです。しかしマルクスは、この古い唯物論にも欠陥があると言います。

環境は人間によって変えられる

マルクスは「テーゼ3」で次のように言います。

「環境の変化と教育とにかんする唯物論的な学説が忘れているのは、環境は人間によって変えられなければならないし、教育者自身が教育されなければならない、ということである」。

ここでは、環境が「教育者」とも表現されています。それは、環境が人間を決定すると主張したフランス唯物論者のエルヴェシウス（1715〜1771）が、人間を教育する「教師」として、人間をとりまく事物、統治形態、習俗、社会的地位、貧富の状態、社交界、友人、読書、恋人などをあげていたからです。確かに人間は、生まれ育った環境の中にある自然物、教師や友人、さらに社会の政治や経済の状態によって、大きな影響を受けます。だからこそ、人間らしい生活にふさわしい環境や教育などが重要なのです。

しかし、人間が環境によって決定されるというだけでは、人間はまわりの自然や他の人間や社会に依存するだけになり、人間は環境しだいの受動的なものとしてとらえられます。また他方で、大人や教師、政治家や企業家らの指導者が、子どもや民衆に対して一方的に影響を与えるという見方になります。しかしこれは事実に反します。

人間は確かに環境に影響されますが、しかし同時に人間はその活動によって環境を変えます。人間は労働によって生活に必要なものをつくり出し、それらを交換し、また新しい人間関係をつくって、生活環境を変えることができます。

教師も生徒を一方的に教えるだけではありません。教えることは学ぶことです。教師は生徒からも学びます。政治家は民衆の支持を失えば、政治生命をなくします。民衆が政治家をつくり出します。企業家も労働者の労働に依存し、消費者に依存します。こうして、広い意味で、「教育者自身が教育されなければならない」のです。

環境の変革と人間の自己形成

ここからさらにマルクスは次のように言います。

「環境の変化と人間的な活動または自己変革との合致は、ただ革命的な実践としてだけとらえることができ、合理的に理解できる」。

ここでマルクスが言っているように、人間は労働や社会的実践によって環境を変化させるだけでなく、人間自身を形成し、人間のあり方を変革することができます。食料・衣料・住居、交通手段やコミュニケーション手段などの生産や、それをもとにした社会的活動は、人間の生活環境を大きく変えます。そのことによって人間自身が成長します。

しかし、資本主義のもとで、資本の利潤追求優先の生産は、資源の浪費や自然破壊をともないます。また長時間労働や過密労働は人間の精神的・身体的な健康を破壊します。つまり、資本主義的な生産の拡大だけでは、自然環境破壊と人間破壊になってしまいます。

ですから、環境の変革と人間の自己変革も、自然環境の保護や人間らしい労働の実現と結びつく必要があります。またそれを実現するような社会の変革と結びつく必要があります。そこで、マルクスは、環境の変革と人間の自己変革との合致は、「革命的実践」として理解されるというのです。では、「革命的実践」とはなんでしょうか。

革命的実践の意味

マルクスが「革命的実践」と言っているのは、「市民革命」や「社会主義革命」などの社会革命を引き起こす実践だけではありません。マルクスは、人間の生活を革命的に変えるさまざまな活動も「革命的実践」と考えています（エンゲルスは、マルクスの「テーゼ」を公表するさいに、「革命的実践」という言葉を「変革する実践」という言葉に変更しています。それは、マルクスの意図を考えてのことでしょう）。先に、『資本論』で紹介されている、蒸気機関や紡織機や汽船を発明した人々の例をあげました。それらの発明は「産業革命」に貢献しました。それは、近代的な生産力を発展させる「革命的実践」でした。

また、資本の力に対抗する労働者の運動は、資本の支配と横暴を制限し、労働者の人間らしい生活を実現するための実践です。19世紀のイギリスの労働者たちは、「工場法」という法律を実現させました。「工場法」は、労働時間を制限し、工場の安全管理および工場で働く子どもの学校教育を、工場主に義務づけるものです。マルクスは『資本論』でこの運動を高く評価しました。それは、労働者の健康を取りもどし、精神的発達を保障し、社会的活動を発展させる「革命的実践」です。

しかも労働者の権利の確立や人間らしい生活の実現のためには、労働者の政治参加と民主的な政府の実現が必要です。19世紀のイギリスの労働者たちは、普通選挙権を実現する「人民憲章（ピープルズ・チャーター）」を要求して数百万人の署名を集め、国会に提出しました。これは「チャーチスト運動」と呼ばれます。マルクスは、イギリスでは

選挙を通じて労働者が政治権力を獲得する可能性も考えました。これらは政治における「革命的実践」です。

こうして、「社会革命」を引き起こすような実践は文字通り重要な「革命的実践」です。しかし同時に、産業革命のように労働の生産力を大きく発展させる実践、労働者の生活を守り、人権を実現する実践、労働者の政治的権利を前進させる実践など、社会の民主的な変革にかかわる実践も「革命的実践」と言えます。今日ではまた、自然環境を保護する「環境産業革命」も重要です。それは、化石燃料や原発を自然エネルギーへと転換していくとともに、資源の浪費をなくす循環型経済をつくるなど、環境保護型の経済と社会を実現する「革命的実践」です。そしてまた平和の実現のために、世界の平和的な秩序と正義を実現する「革命的実践」も重要です。

これらの「革命的実践」は人間自身を変革します。人間らしい生活を実現するために社会の民主的な変革を目指し、人類の生存を持続可能なものにする「革命的実践」において、環境の変革と人間の自己変革とが合理的に把握できるのです。

3　感性を実践としてとらえる

人間の自己変革において、人間は理性だけでなく感性（感覚と感情）も発展させます。唯物論は、人間の生き生きとした感覚や感情の役割を重視します。感覚には視覚・聴覚・触覚・味覚・嗅覚という五感や身体の状態についての感覚もあります。感情とは喜怒哀楽や共感などの心の働きです。ここでもマルクスの「新しい唯物論」の視点が重要です。マルクスは「テーゼ5」で次のように言います。

「フォイエルバッハは抽象的な思考に満足しないで、観察することを欲する。しかし彼は感性を、実践的な人間的・感性的活動としてとらえない」。

マルクスのこの言葉を理解するためには、『経済学・哲学草稿』の中の言葉が参考になります。それは、「五感の形成は、いままでの全世界史的な労作である」(『経済学・哲学草稿』岩波文庫、140ページ)という言葉です。人間の感性(感覚や感情)も世界史の成果なのです。人間の労働や社会的実践の発展が人間の感覚や感情の豊かさを形成します。その意味で、「感性」も「実践的な人間的・感性的活動」としてとらえなければなりません。

労働の生産力が発展し、社会関係も複雑になり、人間の理性も発展すると、人間の感性も研ぎすまされます。人間は幸福や不幸を敏感に感じ、残虐な行為や悲惨な状況をなんとしてもなくしたいと思います。民族をこえた共感や連帯の感情も形成されます。また人間はさまざまな美を発見し、生活の中に取り入れます。それは、工芸品や芸術作品、日常生活品のデザインにも示されています。

また、経済成長の時代には、工場の黒い煙、灰色の建物や道路、忙しい仕事などが繁栄の象徴でした。しかしそれは自然も人間も破壊しました。今日では、青い空、緑の環境、生活時間のゆとりなどが求められています。ここにも人間の実践的活動をとおした感性の発達があります。マルクスの言葉は、このような意味でも理解できるでしょう。

第4章

人間とは何か
——その弁証法的なとらえ方

前章では、人間は環境によってつくられるだけでなく、人間が主体的な実践によって環境を変え、その中で人間自身が自己変革する、というマルクスの思想を学びました。この章では、「人間とは何か」について考えます。古来、多くの思想家が「人間とは何か」について多様な主張を行ってきました。マルクスは、この問題をどのように考えるのでしょうか。

1　フォイエルバッハの宗教論と人間論

マルクスは「フォイエルバッハにかんするテーゼ4」と「テーゼ6」で、フォイエルバッハの宗教論と人間論をふり返っています。フォイエルバッハの宗教論は、マルクスが「疎外された労働」を論じるさいに参考にした、人間の「宗教的な自己疎外」という議論です。マルクスは「テーゼ4」で次のように言います。

「フォイエルバッハは、宗教的な自己疎外という事実、すなわち宗教の世界と世俗の世界とに世界が二重化するという事実から出発する。彼の仕事は、宗教の世界をその世俗的な基礎へと解消することにある」。

フォイエルバッハによれば、人間は人間自身がもっている理性や意志や愛をもとにして、絶対的な理性や意志や愛をもつ「神」をつくったとされます。人間が絶対的な神にすがって生きることは、人間をまったく貧弱なものにしてしまい、神が主体的であるほど、人間は主体性を失う。これがフォイエルバッハのいう「宗教的な自己疎外」です。

こうしてフォイエルバッハは、「宗教の世界」の基礎は「世俗の世界」に、つまり人間の世界にあると言いました。キリスト教の聖書は「神が人間をつくった」と言いますが、フォイエルバッハは逆に「人間が神をつくった」と言うのです。マルクスは、「フォイエルバッハは、宗教の本質を人間の本質に解消する」として、このフォイエルバッハの業績を評価しています。

しかし問題は、フォイエルバッハは「人間の本質」をどのようにとらえたのかということです。フォイエルバッハは、「人間の本質とはいったい何であろうか」と問い、「理性・意志・心情」であると言いました（『キリスト教の本質』岩波文庫、上49ページ）。ここでフォイエルバッハのいう「理性・意志・心情」は、すべての人間がなんらかの仕方でもっている心の働きです。人間は、考える働きである「理性」をもち、何かをしようという「意志」をもち、また愛情などのさまざまな「心情」をもちます。

理性も意志も心情も、人間が生活する時代や社会の中で、また労働や社会的実践と結びついて、具体的な特徴をもつものです。ところが、フォイエルバッハによる「人間の本質」のとらえ方は、このような人間の具体的な特徴をいっさい取り除いてしまった、きわめて抽象的なものです。フォイエルバッハは「理性・意志・心情」の具体的な姿を問題にしません。それらは一人ひとりの人間の心の中に、いわば「無言」の状態にある抽象的で一般的なものです。このような「理性・意志・心情」が、人間とは何かを示す「人間の本質」だと言われても、人間をその現実の姿でとらえたことになりません。これが、フォイエルバッハに対するマルクスの批判です。

2　人間の本質は社会的諸関係の総体

マルクスの人間論

では、マルクスは、「人間の本質」をどのようにとらえるのでしょうか。「人間の本質」とは、人間の行動のさまざまな現れ（現象）を説明する原理になるものです。マルクスは「テーゼ6」で次のように言います。

「人間の本質は、その現実のあり方では、社会的諸関係の総体である」。

ここで、「社会的諸関係の総体」とは、すでにヘーゲルが論じた、家族・市民社会・国家が考えられています。つまり、人間の本質は、その現実のあり方では、家族・市民社会・国家という社会的諸関係の総体から理解しなければならないということです。フォイエルバッハが人間の本質だと言った「理性・意志・心情」も、人間がどのような社会的関係をつくっているのか、社会的な対立や矛盾がどれほど深刻になっているのか、平和な状態なのか戦争の状態なのか、などによって、まるで違ったものになります。マルクスは、このような社会の現実から人間の本質をとらえることを主張します。

たしかに、理性が人間の本質だという主張は多くあります。哲学では古くから定説になっています。18世紀の生物学者のリンネ（1707～1778）も、人間の理性に注目して、人間の生物学上の学名を「ホモ・サピエンス」（賢い人）と命名しました。しかし、人間の理性の働きは、人間のおかれた社会的関係によって大きな影響を受けます。立派な教育を受けて国家の官僚や資本家になった人びとは、立派な理性があるにもかかわらず、それを国家の目的や資本の利益を追求する手段として使い、国民や労働者を苦しめることもあります。戦争では、理性をもつはずの人間が、非理性的な残虐な行動に突き進んでしまいます。他方で、貧しい家庭に育った子どもたちは、自分の理性を磨いてその力を発揮する機会を奪われることもあります。

意志とは、何かをやろうとする心の働きであり、人間の行動にとって不可欠です。意志がもっともよく現れるのは労働や社会的実践です。しかも労働や社会的実践は、人間がおかれた社会的関係の中で行われるものであり、社会的関係と切り離せません。社会的関係の中で人間の行動をとらえてこそ、人間の意志も具体的に把握できるのです。

心情についてはどうでしょうか。マルクスは、第3章で紹介したように、「五感の形成は、いままでの全世界史の産物である」と言いました。つまり、人間の感性（感覚や感情）は人間の実践と結びついて、社会的・歴史的に形成されたものです。フォイエルバッハは「心情」の一つとして「愛」を重視します。しかし、家族の愛も、男女の愛も、自然への愛なども、現実の社会的諸関係を抜きにして論じることはできません。マルクスはエンゲルスとともに、フォイエルバッハについて、「今日の愛の諸関係への批判はなにもない」（『〔新訳〕ドイツ・イデオロギー』新日本出版社、33ページ）と指摘しています。人間の愛情も、現実の社会によって抑圧されたり、歪められたりすることも起こります。このような愛の姿は文学や芸術でも数多く描かれてきました。フォイエルバッハにはそのような視点がありません。

フォイエルバッハの対話とマルクスの社会的諸関係

ところで、フォイエルバッハも、人間の社会性をまったく無視していたわけではありません。フォイエルバッハは次のように言います。

「人間の本質は、ただ共同性のうちに、すなわち、人間の人間との統一のうちにのみ含まれている。この人間と人間との統一は、私と君との区別の実在性にのみ支えられている」(『将来の哲学の根本命題』岩波文庫、60節)。ここでは確かに人間の共同性がとらえられています。またフォイエルバッハは、「真の弁証法は、孤立した思想家の自分自身との独り言ではない。それは私と君との対話である」(同、62節)と言います。これがフォイエルバッハの理解する人間の共同性です。要するに、「私と君との対話」であり、それが真の弁証法だとされます。

この思想はマルクスから見て、どこが不十分なのでしょうか。「対話」は確かに重要です。しかし「私と君との対話」も、すでにヘーゲルが明らかにしたように、家族・市民社会・国家の現実のあり方によって、決定的な影響を受けます。マルクスは、フォイエルバッハには、家族・市民社会・国家という社会的諸関係の総体から人間の本質やその共同性をとらえる視点がないことを批判するのです。

今日では「対話」とともに「コミュニケーション」が重視されます。民主主義社会では、対話やコミュニケーションによって社会的な合意形成を行っていくことが重要です。しかし、ただ単に対話やコミュニケーションをすればいいわけではありません。対話やコミュニケーションによって、どのような人間関係や社会関係をつくるのか、人間らしい生活の実現のためには、どのような政治や経済の仕組みをつくればよいのか、などが問われます。そのような方向性のない対話やコミュニケーションは単なるおしゃべりにすぎません。

そこで、マルクスは、「人間の本質」は「その現実のあり方においては」、「社会的諸関係の総体」であると言ったのです。人間の現実のあり方では、対話もコミュニケーションも、社会的諸関係の総体と不可分です。

しかしもちろん、人間社会の基礎には自然があります。人間の本質も人間の生物としての特徴を基礎にしています。人間の生物的な特徴は「人間的自然」（人間の本性）と呼ばれます。マルクスも、現実の人間の本質が「人間的自然」を基礎にしていることを当然のこととして認めています。むしろ、マルクスは『資本論』で、長時間労働や深夜労働などは「人間的自然」に反するとして、その制限や規制を主張しています。

今日のヨーロッパ連合（EU）では、1日の労働時間の後、必ず11時間の休息時間を取ること、1週間の労働時間（残業も含む）の上限は48時間などと定めています。これは「人間的自然」にかなった規定です。日本ではこのような規定もないために、過労死が起こるのです。人間的自然を生かすためにも、それにふさわしい社会制度のあり方が求められます。

またマルクスは、「人間の本質」が「自由な個性」として発展する可能性を否定しません。それどころか、マルクスは「自由な個性」の発展を将来社会の課題としてとらえています。しかし、どのような社会的諸関係をつくれば「自由な個性」が発展するのかが問題なのです。この問題は、本書の第10章でマルクスの将来社会論として考えたいと思います。

3　マルクスの宗教論と現実の矛盾の把握

現実社会の矛盾から生じる宗教の世界

フォイエルバッハは宗教への批判にとどまり、「世俗の世界」つまり現実社会への批判には進みませんでした。これが、マルクスに残された仕事です。マルクスは「テーゼ4」で先の言葉に続いて次のように述べています。

「世俗的な基礎が自分自身から浮き上がって、一つの独立した国〔宗教の国〕が雲のなかに定着するということは、ただ、この世俗的な基礎の自己分裂と自己矛盾とからだけ説明できる」。

人間が、世俗の世界を基礎にしながら、それを超えて宗教の世界をつくらざるをえないのは、世俗の世界が民衆にとって生き苦しく、悲惨なものだからです。若いマルクスは、「宗教的な悲惨は現実の悲惨の表現でもあれば、現実の悲惨に対する抗議でもある」と言いました。また宗教は「非情な世界の情である」と言って、「宗教は民衆のアヘンである」(「ヘーゲル法哲学批判序論」国民文庫、320ページ）と述べたことがあります。

これは宗教を非難した言葉ではありません。19世紀のヨーロッパでは、病気の苦痛などを緩和するために、アヘンが日常的に使われていました（『資本論』③683ページ、など参照)。マルクスは、現実が悲惨だからこそ、たとえ宗教がフォイエルバッハの指摘する人間疎外という悲惨を

含んでいたとしても、民衆に信じられるのであり、その意味で、宗教は現実の悲惨に対する抗議だというのです。しかも宗教は、非情な世界の中で民衆に情けをかけるものであり、民衆の苦悩を緩和するものであり、この意味で、宗教は民衆のアヘンだというのです。しかしアヘンだけでは病気は治りません。社会の現実から生じる民衆の悲惨も宗教だけでは解決できません。

現実世界の自己分裂と自己矛盾をとらえる

そこで、マルクスはまず、世俗の世界の「自己分裂と自己矛盾」から現実社会の問題を理論的に解明することが必要だと言います。資本主義社会では、社会が資本家階級と労働者階級とに分裂し、富裕層と貧困層とに分裂しています。ここでは、社会全体が豊かになっても、その富が一部の人に独占されて、豊かな人はますます豊かになり、貧しい人はますます貧しくなります。これが貧しい民衆（労働者）の苦しみや悲惨の原因です。そこから資本家階級と労働者階級とのたたかいが生じます。資本主義社会はこのような「自己分裂と自己矛盾」を含んでいるのです。その理論的解明がマルクスの課題となります。

マルクスは「テーゼ4」で続いて述べます。

「この世俗的な基礎そのものが、それ自身において、その矛盾のなかで理解されなければならないのと同様に、実践的に変革されなければならない。だから、たとえば、地上の家族が聖なる家族の秘密としてあばかれた後には、いまや地上の家族そのものが理論的かつ実践的に廃絶されなければならない」。

マルクスは、世俗の世界の「自己分裂と自己矛盾」を理論的に解明するとともに、世俗の世界そのものを実践的に変革することを主張します。「地上の家族」（地上の支配者）による支配こそが、民衆の悲惨と苦しみの原因であり、民衆が「聖なる家族」（キリストの家族）に救済を求めざるをえない原因です。そうであれば、この地上の支配こそをなくさなければなりません。資本主義のもとでは、資本の支配に抵抗して、労働者の権利を実現しなければなりません。若いマルクスはすでに、プロレタリアート（無産の労働者階級）がその力をもっていることを認識していました（本書第1章、参照）。これがフォイエルバッハを乗り越えるマルクスの主張です。

4　マルクスの弁証法

弁証法とは何か

フォイエルバッハは、先に見たように、真の弁証法は私と君との対話だと主張しました。それに対して、マルクスは「フォイエルバッハにかんするテーゼ」では「弁証法」という言葉は使っていません。しかしマルクスは、現実世界の「自己分裂と自己矛盾」をとらえることを主張しました。これがマルクスの弁証法の核心です。そこで、弁証法とは何かを考えておきたいと思います。

弁証法（ドイツ語でディアレクティーク）の語源は古代ギリシアの「ディアレクティケー」にあります。それは「対話（ディアロゴス）の技術（テクネー）」を意味します。真剣な対話では、意見の対立や矛盾があらわれ、それを解決するための議論が発展します。同様に、自然や社会の事物も、相互に関係し合い、そこに対立や矛盾があらわれます。例えば、生物と環境との対立や、人間社会における階級闘争などです。そしてこの対立や矛盾を通して、自然は進化し、社会は発展してきました。このことをとらえるのが弁証法です。

近代の弁証法は、近代科学の「分析的方法」を基礎にしながらも、その弱点を克服するために、ヘーゲルによって提唱されました。近代科学では、自然の対象を細かく分解したり分析して、そこから自然の法則を発見してきました。それは、特にニュートンらの力学で大きな成功をおさめました。その方法が生物の解剖や社会の分析などにも使われてきました。

しかし、そうすると、自然や社会の事物は、①バラバラな部分の集まりであり、②外からの力によって運動し、③同じ運動をくり返すことになります。これは、世界の事物を「機械」のようにとらえることです。このような思考方法は「機械論」と呼ばれます。しかしそれは生物にも人間にも社会にも当てはまりません。また、もしも自然や社会が機械のような決まりきった運動をしているのであれば、人間や社会にも必然性だけがあるだけで、自由はないことになります。逆に、人間の自由を認めると自然や社会の必然性が否定されることになります。機械論にはこのような問題があります。

そこで、ヘーゲルは、「機械論」を克服するために「弁証法」を提唱しました。弁証法は、①事物の相互連関や全体をとらえ、②外からの力だけでなく、事物の内部の力による運動をとらえ、③同じ運動のくり返しではなく、進化や発展をとらえます。

マルクスは、このような弁証法をヘーゲルから受けつぎました。しかしヘーゲルの弁証法は、精神を世界の根源とする観念論と結びついていましたので、人間の物質的生産としての労働や社会的実践を十分にとらえきれていませんでした。そこで、マルクスは、ヘーゲルの観念論的な弁証法を唯物論的な弁証法につくり変えたのです。では、マルクスの弁証法はどのようなものでしょうか。

新しい唯物論と弁証法

マルクスの「新しい唯物論」は、自然や社会をありのままにとらえる「唯物論」を前提にして、さらに、人間が労働によって自然を変え、社会的実践によって社会を形成し、変革することを主張します。それは、自然や社会の事物を「客体」として、人間という「主体」が外から観察するようにとらえる「古い唯物論」を克服するものです。マルクスの「新しい唯物論」は、自然や社会をありのままに客観的にとらえるだけでなく、人間の主体的実践によって、それらを変革することをとらえます（本書第2章、参照）。

ここにすでに弁証法があります。まず第一に、自然や社会には変化や発展の法則性や必然性があります。それは、自然や社会が「機械」のように運動するのではなく、生命のない自然から生命が生まれ、生物が人間へと進化し、人間が社会をつくるという、ダイナミックな進化や発展を示しています。ここに自然や社会の弁証法があります。

第二に、人間は自然や社会を認識して、労働によって自然をつくり変え、社会的実践によって社会関係をつくります。労働は、自然の法則を無視すると失敗します。人間は自然の法則を認識して、適切な目的を立て、適切な手段を使ってこそ、その目的が実現できます。また人間は、生活の苦しさや貧困の原因をさぐり、そこに階級支配があることを見出します。そして階級闘争によって、生活の改善や階級支配からの解放を追求してきました。ここには、人間が自然や社会の現実を認識して、労働や社会的実践を発展させるという弁証法があります。それは、自然や社会の必然性をふまえて、人間の自由の実現をとらえることです。ここには必然性と自由の弁証法があります。

マルクスの「新しい唯物論」は、自然や社会の現実をありのままにとらえるだけでなく、人間の主体的実践が自然や社会を変革することをとらえるものであって、それは本質的に弁証法を含んでいるのです。しかも、マルクスは「テーゼ4」で現実世界の「自己分裂と自己矛盾」をとらえることを主張しました。このように、弁証法の核心は現実世界の矛盾をとらえることです。人間社会の場合は、階級対立や階級闘争をとらえることです。ここから現実世界を実践的に変革していく方向が探求されます。

もちろん、弁証法は矛盾だけを問題にするのではありません。弁証法は、世界の事物の関連を全面的にとらえ、それが変化し発展することをとらえます。そこには、確かに調和も安定などもあります。しかし調和や安定だけを見ていたのでは、現実世界のダイナミックな姿をリアルにとらえることはできません。現実世界に対立や矛盾があるからこそ、この対立や矛盾を解決するための運動や発展が起こるのです。なお、「対立」とは相互に不可分な事物やその力が相互に否定しあうことです。それに対して「矛盾」とは対立している事物が相互に否定しあうことによって、自分自身の現状を否定することです。ここから事物の運動や発展がおこります。その意味で、弁証法の核心は現実世界の矛盾をとらえることなのです。

第5章

世界の変革と人間的社会の実現

マルクスは、人間の現実のあり方は、家族・市民社会・国家という社会的諸関係の総体から理解しなければならないと言います。同時に、人間はこの社会的諸関係をつくり、またそれを変革するものです。この章では「フォイエルバッハにかんするテーゼ」から、社会の変革と将来社会についてのマルクスの思想を学びましょう。

1　人間の意識を社会の現実からとらえる

マルクスの主張は、人間を社会の現実からとらえるということです。前章で紹介したように、マルクスはフォイエルバッハの宗教批判の意義を認めながら、しかしフォイエルバッハには、宗教をとらえる社会的視点がないことを批判しました。ここから、マルクスは、社会のとらえ方に議論を進めます。

宗教的な心情は社会の産物

マルクスは、「フォイエルバッハにかんするテーゼ7」で、次のように言います。「フォイエルバッハは、『宗教的な心情』そのものが社会の産物であることを見ず、また彼が分析する抽象的な個人は、一定の社会形態に属することを見ない」。

マルクスは、宗教的心情そのものが社会の産物であると言います。キリスト教の歴史においても、古代ローマの時代に民衆の救済の宗教として登場したイエスの宗教、ローマ帝国や神聖ローマ帝国のもとで国教となったキリスト教、そしてルター（1483〜1546）やカルヴァン（1509〜1564）らの宗教改革などでは、宗教的心情は大きく異なります。人間はその時代の社会に属して生きていますから、個人の心情も思想も、その社会形態の中でとらえなければなりません。このことは、宗教だけでなく、哲学も芸術も、また人間の意識のすべての活動について言えることです。

意識は対象を反映し、社会の現実を反映する

人間の意識は、自然や社会や人間を対象としてとらえます。それは、現実の対象を意識が映し出すことです。このことを唯物論は、「意識は対象を反映する」と言います。しかし意識は、現実に存在するものを観念としてとらえるだけではありません。「神」や「天使」や「天国」や「地獄」などの観念は、現実には存在しないものの観念です。これらは言葉だけでなく絵画や彫刻でも描かれてきました。

人間はなぜ「神」や「天国」などの現実に存在しないものの観念をつくるのでしょうか。それは、現実があまりにも悲惨だから、無力な民衆は全知全能の「神」に救いを求め、地上とは正反対の「天国」での幸福を願うからです。これがマルクスの考えです。「神」や「天国」の観念には、現実の悲惨が映し出されています。これも現実の反映です。しかしこの場合の反映は、現実とは正反対の観念をつくることになります。ここには、現実の悲惨から逃れたい、救われたいという民衆の気持ちが映し出されています。つまり、民衆の現状や立場がその観念に反映されてい

るのです。

こうして、人間は現実の自然・社会・人間を対象としてとらえて、それを意識に反映するだけでなく、社会の現状や自分自身の立場を反映して、さまざまな観念をつくります。このようにして思想や芸術、宗教や哲学などができあがります。それらは、その時代を反映した社会的な産物なのです。

2　社会生活の合理的な理解と実践

マルクスは社会生活について「テーゼ8」で次のように言います。

「すべての社会生活は、本質的に実践的である。理論を神秘主義へと誘うすべての神秘は、その合理的な解決を人間の実践と、この実践の概念的な把握とのうちに見いだす」。

すべての社会生活は人間が実践的につくりだすものです。人間は労働によって自然物を変化させて生活に役立てるだけではありません。人間は労働において人間相互の経済的関係を形成しています。また人間はさまざまな集団をつくり、政治的な関係をつくり、教育の組織や宗教団体や思想的・文化的な社会関係をつくっています。

マルクスは、ヘーゲルの「神秘主義」を批判しました。ヘーゲルは、人間の世界を超越した「理念」が、家族・市民社会・国家となって現れると主張しました。またヘーゲルは、世界史とは「自由の意識における進歩である」と言いました。専制的な一人の王だけが自由を意識した時

階級闘争が…歴史を発展させる原動力

代から、少数の市民が自由だと言える時代へ、さらに万人が自由だと意識する時代へと、世界史は進歩したと言います。しかしヘーゲルは、世界史は人間を超越した「世界精神」によって動かされると言います。「世界精神」は、例えば古代ローマのカエサルや近代フランスのナポレオンのような英雄を手段として利用して、世界史を発展させるというのです。

ヘーゲルが「理念」や「世界精神」という神秘的なものをもちだしたのは、彼が、社会生活をつくり、世界史を発展させる真の原動力を理解できなかったからです。マルクスは、人間の労働の発展と社会的実践とりわけ階級闘争が歴史を発展させる原動力だと考えます。民衆の労働や社会的実践が、英雄の活動をも支えます。人間の労働がどのように発展してきたか、そして働く者が中心となって社会を変革する運動がどのように発展したかをとらえてこそ、社会と歴史の発展が理解できます。ここにはどんな「神秘」も「神秘主義」もありません。人間の実践を「概念的に把握すること」、つまり理論によって合理的に把握することによって、社会とその歴史が合理的に理解できるのです。

3　古い唯物論と市民社会

ヘーゲルの観念論と同様に、古い唯物論も社会の発展をとらえるうえで不十分でした。マルクスは「テーゼ9」で次のように言います。

「観察する唯物論、すなわち感性を実践的な活動ととらえない唯物論の最高の到達点は、個々の個人と市民社会〔ブルジョア社会〕の観察である」。

古い唯物論は、個人と社会をあるがままに見ようとしました。しかし古い唯物論は、人間の「感性」（感覚や感情）を人間の実践と結びつけて、社会的・歴史的に形成されるものとはとらえません。ですから、現実の個々人と社会の現状をそのままとらえます。近代社会の現状は「市民社会」（ブルジョア社会）です。つまり、資本家（ブルジョア）が「市民」として、政治・経済・文化で大きな力をもっている社会です。ここで「市民」とは、自立して経済活動を営み、政治的権利をもち、富と教養があって、文化の担い手にもなる人々です。このような「市民」が中心となって、「市民社会」として資本主義社会をつくっています。貧しい労働者のことは、貧困対策・失業対策・犯罪防止などとして考慮されるだけです。

先に見たドイツのヘーゲルも、このような「市民」の立場で近代社会を考えました。18～19世紀のイギリスのベンサム（1748～1832）らは、近代社会は、経済活動の「自由」があり、商品を「平等」に交換でき、市民が自分の利益を追求できる社会だととらえました。ベンサムは、唯物論の立場から個人と社会を観察して、快楽の増大と苦痛の減少が幸福であると考えました。そして「最大多数の最大幸福」をスローガンとして、イギリス社会の改良を提案しました。例えば、浮浪者に物ごいをさせるのではなく、彼らを集めて労働させることや、囚人の監視が容易な円形の監獄をつくって、囚人を苦しめないで働かせることなどです。ベンサムの思想は、幸福の役に立つこと（功利）を追求する「功利主義」です。これらが、マルクスのいう古い唯物論の「最高の到達点」です。古い唯物論は、近代市民革命によって成立した市民社会（ブルジョア社会）を肯定する立場です。必要なことはその改良だけです。

4　新しい唯物論と人間的社会

さらにマルクスは「テーゼ10」で次のように言います。

「古い唯物論の立場は、市民社会〔ブルジョア社会〕であり、新しい唯物論の立場は、人間的社会、または社会的人類である」。

「テーゼ9」にあったように、「古い唯物論」は市民社会ないしブルジョア社会を肯定する立場です。それに対して、マルクスは「新しい唯物論」の立場は「人間的社会、または社会的人類」であると言います。ここで、マルクスが言う「人間的社会」は、本書の第1章で見た、「人間による人間のための人間的本質の現実的な獲得」としての「共産主義」という言葉と密接に関連します。マルクスの「新しい唯物論」は、人間の労働と社会的実践をとらえ、革命的実践の意義を把握することによって、真に人間的な社会としての共産主義社会を目指します。これが「人間的社会」という言葉の意味です。

疎外された労働の克服としての人間的社会

マルクスのいう「人間的社会」は、「疎外された労働」を克服するものです。労働の疎外は、生産手段（土地や工場や機械など）が資本家に独占されて、労働者が資本家に従属して働くことからおこります。そこで、この生産手段を社会の共同の所有にすることによって、誰もが共に働くことになります。

労働の疎外の第一は、「生産物からの疎外」でした。つまり、労働者のつくった生産物が労働者のものにはならないということでした。しかし、共同の生産手段を使って労働者が協同で働けば、生産物は働く者すべてのものです。そのうち各人の生活に必要なものは、例えば労働の質や量などに応じて分配することができます。

労働の疎外の第二は、「労働そのものからの疎外」でした。つまり労働の内容は、資本家や経営者から指示され命令され、強制されたものであって、労働者の自発的なものではありません。しかし、労働者が共同の生産手段を使って共に働くことになれば、社会的に必要なさまざまな労働を、各労働者の能力や得意分野などに応じて分担したり、交替したりして、労働者の協同で行うことができます。

労働の疎外の第三は、「人間の類的本質からの疎外」でした。これは、人類の形成してきた人間らしさや「自由な意識的活動」が、労働者から奪われてしまうことです。労働者の肉体的・精神的な破壊もおこります。それに対して、資本の利潤追求第一ではなく、人間の生活のために必要な労働に転換することによって、労働者の自発性や創意を発揮することが可能になります。また労働時間を短縮し、自由時間を増大させることによって、自分の労働だけにしばられないで、自然・社会・人間にかかわる「自由な意識的活動」を行うことができます。

労働の疎外の第四は、「人間の人間からの疎外」でした。これは資本家と労働者との階級的な対立や敵対を意味します。しかし、生産手段を共同で所有することによって階級の区別がなくなれば、階級的な対立や敵対もなくすことができます。労働者のあいだで能力の違いや個々の利害の対立はあったとしても、協同の社会や協同の仕事において、すべての労働者の人間的発達を保障し、相互の協力関係をつくることが可能になります。

マルクスとエンゲルスは、このような「人間的社会」としての共産主義社会を、「各人の自由な発展が万人の自由な発展の条件である協同社会」(『共産党宣言』新日本出版社、86ページ)と呼びました。マルクスは、このような真に自由で平等な協同社会の実現をめざすことが、「新しい唯物論」の立場だというのです。

「人間的社会」はまた、個々人の競争が支配するブルジョア社会を乗り越えて、人間が社会的に協同し、さらに人類が協同して生きる社会です。その意味で、「社会的人類」とも表現されています。「新しい唯物論」は、このような壮大な理想を掲げます。

5　世界の変革の哲学

以上の議論をふまえて、「テーゼ11」でマルクスの有名な言葉が登場します。「哲学者たちは、世界をさまざまに解釈したにすぎない。肝心なことは、世界を変革することである」。

この言葉は「テーゼ」全体の結論です。この言葉の理解のためには「テーゼ」のすべての議論を踏まえる必要があります。

マルクスは、古い唯物論と観念論とを批判して、感覚によってとらえられる現実の対象（自然と社会）が人間の主体的な実践（労働と社会的実践）によってつくられることを主張します（テーゼ1）。また人間は、環境によって形成されるだけでなく、環境を変え、この中で人間の自己変革を行います（テーゼ3）。

マルクスは、フォイエルバッハのいう「宗教的な自己疎外」を生みだす社会の現実を、その「自己分裂と自己矛盾」から、つまり階級対立と階級闘争から理解して、実践的に変革することを主張します（テーゼ4）。また人間の思考による理論的な認識も、それが対象と合致した真理であるかどうかは、実践によって証明しなければなりません（テーゼ2）。人間の感性も、実践と結びついて発展します（テーゼ5）。人間の本質は、その現実のあり方では、社会的諸関係の総体なのです（テーゼ6）。

さらにマルクスは、「テーゼ」の7から10もふまえて、「市民社会」(ブルジョア社会)を超えて「人間的社会」を目指す「世界の変革」を主張します。こうして、人間が自然と社会と人間自身を変える実践の意義と、人間が社会的存在であることをふまえて、「世界の変革」が語られるのです。

マルクスは、「世界の解釈」だけにとどまる「哲学者たち」を批判して、肝心なことは「世界の変革」だと言います。しかしマルクスはけっして理論を軽視しません。「世界の変革」のためには「新しい唯物論」という理論が必要です。さらに、「人間的社会」を実現するためのより具体的な理論も必要です。またマルクスは、従来の「哲学者たち」を批判しますが、哲学は不要だとは言いません。「テーゼ」全体が「新しい唯物論」という哲学の提起となっています。マルクスは「世界の変革の哲学」を主張しているのです。

以上のような視点から、マルクスは「世界の変革」のための理論的探究をいっそう進めます。マルクスは、社会と歴史を唯物論的にとらえる「史的唯物論」の研究を進め、さらに史的唯物論の方法を使って「経済学批判」の研究に取り組みました。その内容を次章から取り上げたいと思います。

第6章

社会の形成と社会の構造

マルクスは「フォイエルバッハにかんするテーゼ」を書いた後に、「世界の変革」の理論をつくるために、社会と歴史を唯物論的に明らかにする「史的唯物論」の研究に取り組みました。その成果は、マルクスがエンゲルスと共同で執筆した『ドイツ・イデオロギー』（1845—1846）やマルクスの『経済学批判』（1859年）の「序言」（以下では「序言」と呼びます）で明らかにされました。それがマルクスの経済学批判の方法にもなりました。

本章では、この「序言」を中心に「史的唯物論」について考えたいと思います。（この「序言」で紹介されたマルクスの革命的理論家としての経歴は、本書第1章で取り上げました。彼の経歴と理論とは密接に関連します。）

1　人間生活の社会的生産

人間は生きるために、食料や住居や衣料などの生活手段を生産します。この生産活動は人間の社会関係の中で行われます。人間は、生活手段の生産・分配・消費をとおして、人間の生活そのものを生産しています。マルクスはこのことを「人間生活の社会的生産」と言います。

人間社会はこのような生活の社会的生産によってなりたちます。人間は意識をもちますが、しかし自分の思いのままに生活できるわけではありません。人間の生活は、さまざまな物の生産と再生産を繰り返す一連の過程からなっています。それは人間の「現実的な生活過程」です。

では、人間の現実的な生活過程にはどのようなものが含まれているでしょうか。

第一に、人間は欲求を満たすための生活手段を生産することによって、物質的な生活を生産します。

第二に、人間が欲求を満たすと、新しい欲求が生まれ、欲求そのものが豊かになります。

第三に、人間は家族をつくり、子どもを産んで育てます。つまり人間は人間を生産します。

第四に、人間は労働における協同などをとおして社会的な関係をつくります。

そして、このような過程をとおして人間は意識をもち、言語を使って他の人間と交流します。

このような活動はすべての時代を通じて見られるので、マルクスはこれらを人間の「根源的な歴史的関係」だと言います（『［新訳］ドイツ・イデオロギー』新日本出版社、35〜36ページ）。

2　生産力と生産関係

では、人間の社会関係はどのようにしてできるのでしょうか。人類社会の歴史をふり返ると、原始時代の共同体、古代の奴隷制、中世の封建制、近代の資本制などがあります。なぜこのような時代ができたのでしょうか。マルクスは、それは人間がこのような社会をつくろうと意志してつくったのではなく、そこには個々の人間の意志には左右されない歴史的な必然性があったと考えます。その歴史的必然性の基礎となっているのは、人間の労働の発展です。労働の発展が社会の歴史を変えるのです。

労働とは何か

労働とは、マルクスによれば、「人間と自然との物質代謝を人間自身の行為によって媒介し、規制し、制御する過程」です（『資本論』②３０４ページ）。

「物質代謝」とは、物質のやりとりを意味します。「人間と自然との物質代謝」とは、人間が自然から必要なものを取り出して消費し、不用なものを廃棄することです。人間はこれを労働によって行います。たとえば、人間は米を作ろうという目的をもって、道具などの手段を使って自然に働きかけて、水田を作り、稲を育てて、目的を実現します。そして米を消費して、廃棄物や排泄物を自然にもどします。つまり、人間は自分の活動によって「人間と自然との物質代謝」を媒介し、その活動が適切に行われるように規制し、制御（コントロール）します。これが労働です。

労働によって「人間と自然との物質代謝」を発展させる力が「労働の生産力」です。労働の生産力とは、労働によって人間が「人間と自然との物質代謝」を媒介し、規制し、制御できる力です。この生産力を発展させるためには何が必要でしょうか。

第一に、労働する人間の知識と技能であり、協業や分業などの人間の社会的結合です。

第二に、土地や道具や機械などの労働手段の発展が必要です。

第三に、生産力は労働の対象である原料や材料に依存します。また資源の豊かさや気候などの自然条件にも依存します。

労働手段と労働対象とはあわせて「生産手段」と呼ばれます。労働の生産力は、以上のような「人間の生産力」と「自然の生産力」とがあわさってできあがります。

生産力と生産関係

人間の労働能力の発達と生産手段の発展によって労働の生産力が高まります。しかし生産力を高めることは容易ではありません。原始時代では労働の生産力はあまり発展しませんでした。そこでは、人間は共同体をつくって誰もが共に労働し、その成果を共に分けあって生きていました。これが原始共同体です。

その後、人間は労働手段を改善して石器から鉄器にまで発展させ、また土地の開墾や水利設備などをつくって農業を中心に生産力を高めました。それでも生産力の中心は人間の労働力です。そこでは、直接の労働から解放された人々が労働の指揮・管理を行い、多くの人間を奴隷として働かせる方法が生産力を発展させます。これが古代社会の奴隷制です。

古代社会では奴隷を支配することによって生産力を発展させました。古代の中国、インド、メソポタミア、エジプトなどでは古代文明をつくりあげました。ここでは他民族との戦いや奴隷の支配のために国家権力が形成されています。部族間や民族間の戦いに敗れた人々などは奴隷にされました。奴隷になった人々はもっと自由に労働したいと思ったことでしょう。しかし古代の生産力の発展段階では、奴隷制がそれにふさわしい制度でした。国家が共同体をまるごと奴隷として支配することもありました。

奴隷とその支配者のような、生産における人間と人間との関係を、マルクスは「生産関係」と呼びます。つまり、古代にはその時代の「生産力」の発展段階にふさわしい奴隷制という「生産関係」ができあがったのです。しかし奴隷は抵抗したり、反乱を起こしたりします。それは生産力を低下させ破壊します。この生産関係は、その後、生産力の発展によりふさわしい生産関係へと発展しました。

それは、中世の封建制（農民と領主）です。ある程度の生産力が発展すると、奴隷を強制して働かせるよりも、領主が農民に土地を貸し与えて農地を開墾させ、農作の工夫をさせた方が生産力が高まります。しかしその後、農民を土地にしばりつけるよりも、資本家が自由に労働者を雇って産業を起こすことによって、生産力をいっそう高めました。これが近代の資本制（労働者と資本家）です。

マルクスは「序言」のなかで、人間生活の社会的生産からできあがる生産力と生産関係について次のように述べました。

「人間は、人間生活の社会的生産において、一定の、必然的な、彼らの意志から独立した関係を、すなわち、彼らの物質的生産力の一定の発展段階に対応する生産関係を、取り結ぶ」（『経済学批判』への序言・序説』新日本出版社、14ページ）。

この言葉は、以上の内容を念頭において読むことによって理解できるでしょう。

生産関係と階級

では、生産関係はどのようにしてできるのでしょうか。原始共同体では、土地などの生産手段は共同の所有でした。奴隷制では、奴隷を支配する人びとが土地や労働用具のような生産手段を所有します。中世の王や貴族などの支配者も土地などの生産手段を独占しています。中世の農民は土地などの生産手段を貸し与えられるだけです。資本主義社会では、資本家が土地や工場や機械などの生産手段を所有します。生産手段を持たない労働者は労働を提供するだけです。

このように、生産手段を所有するかしないかによって、生産における関係が分かれます。つまり、生産関係とは、まず第一に生産手段を持つ者と持たない者との「所有関係」です。第二に、生産手段を所有する者は、生産手段を所有しない者の労働を支配し、労働の指揮や管理を行います。第三に労働を支配する人々は、労働の成果を自分のものにすることができます。奴隷や農民には、生きるのがやっとの食料などが与えられただけです。近代の労働者の生産物もすべて資本家のものとなり、労働者には安い賃金が支払われるだけです。こうして、生産手段の所有者が非所有者の労働を搾取します。このような関係が「階級」と呼ばれます。

ですから、生産関係は、階級社会においては階級関係です。階級社会では、労働の支配と被支配という対立があるために、階級間のたたかいが起こります。奴隷は支配者に抵抗したり、逃げだそうとしたり、反乱を起こしました。農民も一揆を起こしました。近代の労働者も労働条件の改善や労働者の権利の確立のためにたたかってきました。こうして、階級社会における生産関係では、階級間の「抗争」や「敵対」が必然的に起こるのです。

なお、「階級闘争」という言葉は、すでに資本家の立場にたつ歴史家や経済学者によって使われてきました。マルクスもこのことを述べています（「1852年3月5日のヴァイデマイアーへの手紙」『マルクス・エンゲルス書簡集』新日本出版社、上57ページ）。マルクスは「序言」では、「生産関係」や「所有関係」によって「階級」を説明し、「抗争」や「敵対」という言葉で「階級闘争」を表現して、それらがなぜ起こり、どうすれば解決できるかを明らかにしようとしました。

3　社会の構造と生活過程

経済構造（土台）と上部構造

マルクスは先の言葉に続いて言います。

「生産関係の総体は、社会の経済構造を形成する。これが実在的土台であり、その上に法的かつ政治的な上部構造がそびえ立ち、その土台に一定の社会的意識諸形態が対応する」。

ここで、「生産関係の総体」とは何でしょうか。資本主義社会においては、資本家と労働者との関係が主要な生産関係です。しかしそのほかに、大資本が中小資本や農民や勤労市民を支配する関係もあります。このような「生産関係の総体」が社会の経済的しくみである「経済構造」を形成します。（図、参照）

経済構造が社会全体のしくみをつくる基礎になりますから、マルクスは経済構造を「実在的土台」と呼びます。この「土台」に対応して、法律や政治制度が「上部構造」として形成されます。マルクスは「上部構造がそびえ立つ」と言うように、それぞれの社会に特有な法律や政治制度の巨大なしくみができあがるのです。古代の奴隷制ではそれにふさわしい王や貴族の政治的支配と法制度がありました。中世の封建制では王が権力をふるって、領主に土地を与え、領主が農

図　生産様式と社会構成体

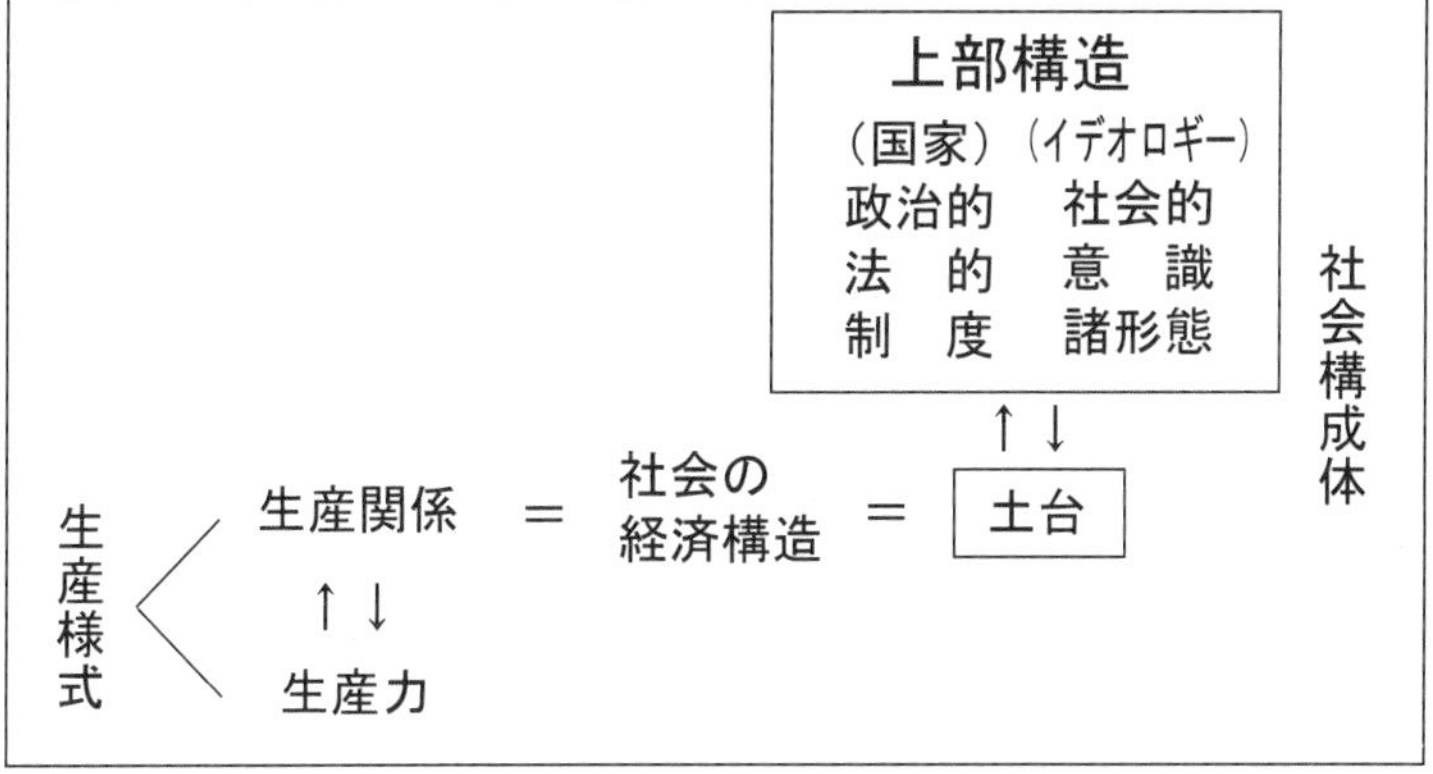

民を土地にしばりつけて支配しました。こうして封建制のもとではきびしい身分制度がつくられました。

近代の「市民革命」は封建的な制度を打破しました。たとえば、フランス革命（1789年）をみてみましょう。フランス革命において国民議会が採択した「人権宣言」は、人間の「自由・平等」をうたって、絶対王政を否定し、王や貴族、聖職者、平民という身分制度を否定しました。また農民を土地から切り離して、自由な労働者をつくりだしました。これが資本主義の形成にとって必要だからです。「人権宣言」はまた「所有権は神聖不可侵である」（第17条）といいます。これは、資本家による生産手段の私的所有を確実なものにして、資本家が労働者を搾取できることを保障するものです。フランス革命後、国会議員を選ぶ権利も多くの税金を支払える男性の市民に、つまりブルジョアジーに限定されました。これらは、フランス革命が資本主義経済の形成と結びついた法制度と政治体制をつくったことを示しています。

またマルクスは、社会の経済構造である土台に「社会的意識諸形態」が対応すると言います。「社会的意識諸形態」も、土台に対応する「上部構造」です。社会的意識のうちで、土台の性格に対応して人々の行動に影響を与える思想を「イデオロギー」と言います。中世の封建制では、領主への「忠義」や身分制度を固定するイデオロギーが広げられました。近代においては封建的な思想は打ち破られました。しかし資本主義に特有な思想が成立しました。

フランス革命のスローガンは「自由・平等・友愛」です。ここで「自由」とは、まず何よりも経済活動の自由です。これを基礎にして、言論の自由・信教の自由・政治活動の自由なども主張されました。「平等」とは、身分制の廃止と商品所有者の権利の平等です。しかし富の不平等は、自由な経済活動の結果であるとして肯定されます。「友愛」とは、商品所有者の相互の利益をはかることです。フランス革命後、特権的な同業組合（ギルド）だけでなく、労働者の団結も禁止されま

した。労働者の団結は資本家の利益に反するからです。このように、近代の「自由・平等・友愛」はブルジョアジーの利益を反映しています。

フランス革命とフランス人権宣言は、人類史の重要な進歩です。しかしそれは同時に、法制度・政治制度や社会的意識において、このような資本主義的な性格をもっていたのです。

社会の生活過程

マルクスはさらに続いて次のように言います。

「物質的生活の生産様式が、社会的、政治的、および精神的生活過程全般を制約する。人間の意識がその存在を規定するのではなく、逆に、人間の社会的存在がその意識を規定する」(同上)。

先に見た「土台と上部構造」のような社会構造は、人間の「生活過程」における活動によって形成されます。「生活過程」とは、人間が日々の生活で活動している姿です。人間の労働にもとづく経済活動が「物質的生活の生産様式」(物質的富の生産・流通・消費の仕方)をなしています。それがその社会の「経済構造」を作っています。人間の集団生活である「社会的生活過程」はさまざまな団体や組織を作っています。家族は「物質的生活」の一部をなすとともに、「社会的生活過程」の一部でもあります。政治活動である「政治的生活過程」が政治制度や法律制度を作っています。さらに学問・芸術・宗教・教育・マスコミなどの「精神的生活過程」が社会的意識の諸形態(イデオロギーなど)をつくっています。

そのさい経済活動である「物質的生活の生産様式」が、社会のさまざまな「生活過程」を制約します。「物質的生活の生産様式」のなかに階級対立があると、それは「社会的生活過程」で労働組合や市民団体などの運動やたたかいになります。また「政治的生活過程」で政治や法律などをめぐるたたかいになります。さらにこれらが学問・芸術・宗教・マスコミなどの「精神的生活過程」のあり方にも反映されます。

先に取りあげた「フランス人権宣言」の思想や制度が、資本主義的な制限をもっていることは、資本主義の現実の中でしだいに明らかになりました。労働者の生活の現実は「自由・平等・友愛」どころではありません。労働者は長時間労働によって自由な時間を奪われ、資本家の支配と搾取のもとにおかれ、富の不平等が拡大します。資本家と労働者とは対立し、敵対的な関係となります。

そこで、資本主義のもとでの「物質的生活の生産様式」で生まれた大量の労働者は、その数を力にするためには団結し、労働運動などの「社会的生活過程」をつくり出しました。労働者は「政治的生活過程」では普通選挙権などを求めてたたかってきました。さらに、子どもの学校教育の実現や、科学的社会主義の理論を学ぶ労働者の「精神的生活過程」も発展しました。

人間は意識をもちますが、意識だけで社会のあり方を決めることはできません。人間は、経済制度・社会制度・政治制度という「社会的存在」によって規定されながら、「社会的意識」を形成します。そして社会のさまざまな「生活過程」での実践をとおして、経済・政治・イデオロギーを変革していくのです。

第7章
社会の矛盾と社会革命

マルクスは、社会と歴史を唯物論的にとらえる「史的唯物論」を提起しました。人間は生産活動において社会の経済構造をつくります。これが「土台」となって、政治制度や社会的意識が「上部構造」として形成されます。このような社会の構造は、人間のさまざまな「生活過程」での活動によって形成されます。この章では、社会の矛盾と社会構造を変革する「社会革命」がなぜ起こるのかを考えたいと思います。

1 生産力と生産関係との矛盾

マルクスは、社会の生産力の発展段階に対応して、生産における人間関係である「生産関係」ができあがると考えました。それは、おおまかに見ると、原始時代の共同体、古代の奴隷制、中世の封建制、近代の資本制という形態をとってきました。社会はけっして固定したものではなく、時代とともに発展してきました。しかし社会はなぜ、どのようにして、何によって発展するのでしょうか。

生産力と生産関係との矛盾と、社会革命

マルクスは『経済学批判』「序言」で、前章で取りあげた言葉に続いて、次のように言います。

「社会の物質的生産力は、その発展のある段階で、それまでそれらがその内部で運動してきた既存の生産関係と、あるいはそれの法律的表現にすぎない所有関係と、矛盾するようになる。こ

れらの関係は、生産力の発展形態からその桎梏《しっこく》に一変する。そのときに社会革命の時期が始まる。経済的基礎が変化するにつれて、巨大な上部構造の全体が、徐々にせよ急激にせよ、くつがえる」（『『経済学批判』への序言・序説』新日本出版社、14ページ）。

人間は労働によって「生産力」を発展させます。生産力の発展と結びついているのは、生産における人間関係である「生産関係」です。生産手段の私的所有が法律によって定められている社会では、生産手段の所有者が、生産手段をもたない者を支配し、その労働を搾取します。マルクスはこれを「所有関係」と呼びます。

生産関係は、階級社会では階級関係です。古代の奴隷制は、王や貴族や市民らが奴隷を支配することによって生産力を発展させました。中世の封建制は、領主が農民を土地に縛りつけて支配しながら、農民に生産力を発展させる形態でした。近代の資本制は、資本家が工場や機械などの生産手段を発展させ、労働者を支配しながら、生産力を発展させる形態です。このような生産関係は、それぞれその時代の生産力を発展させてきました。

しかし、ある段階で、その時代の生産関係のもとでは、もはや生産力が発展しなくなり、生産関係が生産力を発展させるどころか、生産力の発展を抑えつけ、生産力を破壊するようになります。このことをマルクスは、生産関係が生産力の「桎梏」（足かせと手かせ）になると言います。これが「生産力と生産関係との矛盾」です。マルクスは、「そのときに社会革命の時期が始まる」と言います。つまり、生産力と生産関係との矛盾が、社会の全体が変革される「社会革命」の客観的根拠となるのです。

古代奴隷制における矛盾

古代社会の奴隷制のもとでは、奴隷は支配者に抵抗したり、逃走したり、反乱を起こしました。奴隷は壊れやすい道具はすぐ壊してしまいます。そのために、能率は悪くても頑丈な道具を使わせることになります。また奴隷が反乱を起こすと、生産が停止するだけでなく、生産力が破壊されます。これが、奴隷制における生産力と生産関係との矛盾です。

例えば、古代ローマ帝国は地中海からガリアと呼ばれたヨーロッパの地域までも支配しました。その繁栄は奴隷の労働によって支えられていました。しかし奴隷がしばしば反抗し、反乱も起こりました。なかでも「スパルタクスの反乱」は有名です。剣闘士であった奴隷のスパルタクスは、最高時には12万人もの奴隷の反乱を組織しました。彼の目的は、多くの奴隷の出身地であるガリアに彼らを帰すことでしたが、ローマ軍によって鎮圧されました。しかしこのような奴隷の反乱は生産力を破壊するものです。

これは、奴隷制という生産関係と、そのもとでつくられた生産力との矛盾を示すものです。ここから、ローマでは、奴隷制に代わって、大土地所有者が農民を小作人として支配する制度がしだいに広がりました。また大土地所有が広がる中で、ローマ軍の重装歩兵を担ってきた自由農民らの市民が没落して、奴隷になったり、小作人になることもおこりました。こうして、ローマは「帝国」としての支配力をなくして、異民族のゲルマン人の侵入を受けて、滅亡していきました。

ここから、中世の封建制を形成していく「社会革命」が行われました。

封建制の矛盾

中世ヨーロッパの封建制では、王が領主に土地を与え、領主が農民を土地に縛りつけて働かせて、重税を取ったり、領主の土地で働かせたりして、農民を搾取しました。そのような農民は「農奴」と呼ばれました。しかし農民は奴隷ではなく、生産力を発展させれば、重税は取られるものの、残りの生産物は自分たちのものになります。これが生産力を発展させる要因になりました。また各地域の特産物もでき、それを商品として売ることによって、いっそう生産力が発展します。

しかし、農民を土地に縛りつけて支配することは、自由な商品交換と矛盾します。商品交換の発展のためには、自由な交通や取引が必要です。しかし自由な交通や取引を許せば、農民が土地から逃げ出してしまいます。そこで領主は、自由な経済活動は特権的な商人や商工業団体にだけ認め、農民は土地に縛りつけて、ますます重い税を取りました。ここから農民の抵抗や一揆が起こりました。

多くの農民一揆のなかでも、16世紀の「ドイツ農民戦争」が有名です。これは当時の「宗教改革」と結びついた社会運動です。宗教改革者のミュンツァー（１４９０ころ～１５２５）を指導者として、農民たちは領主の重税や抑圧などに反対して戦いました。しかし農民たちは領主の傭兵軍によって鎮圧され、厳しい弾圧を受けました。このような農民の反乱も、封建制における生産関係と生産力との矛盾を示します。

以上のように、奴隷や農民の階級闘争は、階級制度のもとで必然的に起こるだけでなく、その時代の「生産力と生産関係との矛盾」をも表現しています。

2 資本主義の前史としての本源的蓄積

封建的な生産関係は、しだいに資本主義的な生産関係にとって代わられました。マルクスは『資本論』の中で、資本主義が成立するための「前史」として、資本家と労働者とがどのようにして形成されたかを論じました。資本家と労働者とがいったん成立すれば、資本家は労働者を搾取することによって資本の蓄積ができます。しかし資本が成立するには、そのもとになる貨幣の蓄積が必要です。労働者という新しい階級が成立することも必要です。これが「本源的蓄積」と呼ばれます。

資本の形成

ヨーロッパでは、封建時代の末期に「絶対王政」が成立しました。それは、王のもとに強力な権力を集中した支配体制です。それは、農民の一揆や反乱を抑圧しながら、王自身と貴族や大商人らの利益をはかるものです。この絶対王政のもとで、資本の本源的蓄積が行われました。

資本の成立には大量の貨幣が必要です。この貨幣はどのようにしてできたのでしょうか。

ヨーロッパ人は15世紀から海外の富を獲得しようとして航海に乗り出しました。これは「大航海時代」と呼ばれます。コロンブス（1451〜1506）は、スペイン女王の命令でインドに向かいました。彼は「金《きん》を持つ者なんでもできる。天国にも行ける」と考えていました。彼はアメリカ大陸に到達しましたが、そこをインドだと思い、原住民を「インディオ（インディアン）」と呼びました。その後、ヨーロッパ人たちはアメリカ大陸の古代文明を滅ぼし、原住民を虐殺したり奴隷にしたりして、大量の金銀をヨーロッパにもたらしました。またヨーロッパ人はアジアやアフリカの地域を植民地にし、アフリカの黒人をつかまえて奴隷として売買しました。この大量の奴隷がアメリカ大陸で大農園や鉱山などで酷使されて、莫大な富がヨーロッパにもたらされました。

ヨーロッパの国内では、貴族や大商人らが海外貿易を発展させ、大規模農業による農民の搾取や商品生産などによって富を蓄積しました。こうして、国内外で莫大な富が築かれ、それをもとにして貴族や大商人らが資本家になっていったのです。

労働者階級の形成

他方で、農村の農民が都市に出て労働者になったり、農業の資本主義化によって農村労働者になっていきました。農民が農村から引き離されたのは、大規模農業や牧草地の拡大のために土地を奪われて、農村では生きていけなくなったからです。イギリスでは、羊毛産業の発展にともなって、羊を飼うための土地を大量に確保することが行われました。これは「エンクロージャー」（土地囲い込み）と呼ばれます。このことによって、大量の農民が農地を失い、都市に集まっていきました。ここから、無産の労働者（プロレタリアート）が生まれました。「プロレタリアート」という言葉は、古代ローマの財産をもたない最下層市民である「プロレタリウス」に由来します。

しかし農民が都市に集まるだけでは労働者になりません。彼らは浮浪者となり、物ごいをしたり、泥棒もします。そのため、絶対王政のもとで、「浮浪罪にたいする流血の立法」がありました。浮浪者は、捕まえられて血が出るまで鞭を打たれ、逃げ出せば耳を切られ、逃亡を繰り返すと死刑になりました。こうして、ヨーロッパでは国家権力による厳しい処罰や、仕事場での教育や訓練をへて、ようやく自発的に働く労働者が形成されたのです。そして労働者に長時間労働や低賃金を強要しながら、労働組合をつくる権利（団結権）も認めませんでした。

マルクスは、以上のような「資本の本源的蓄積」の過程を明らかにして、「資本は、頭から爪先まで、あらゆる毛穴から、血と汚物をしたたらせながらこの世に生まれてくる」（『資本論』④1301ページ）と言いました。

3　資本主義社会の発展と矛盾

市民革命

絶対王政のもとで、資本主義的生産関係が形成されると、貴族も大商人も資本家（ブルジョアジー）となり、都市の勤労市民も力をもちます。ところが、絶対王政は、王や貴族や聖職者らの特権を維持し、国民には重税を課します。これに対して、ブルジョアジーは反抗し、農民も労働者も社会の変革を求めます。ここから、資本主義的生産関係（土台）にふさわしい国家（上部構造）をつくる運動が起こります。これが「市民革命」（ブルジョア革命）です。それは、イギリス、フランスなどヨーロッパの国々で起こりました（フランス革命については、本書第6章でとりあげました）。また資本主義経済の国際的な拡大の中で世界の国々に広がりました。

マルクスは、「社会革命」において、「経済的基礎が変化するにつれて、巨大な上部構造の全体が、徐々にせよ急激にせよ、くつがえる」と言います。経済的基礎において資本主義が形成されていくと、次には、封建制から引き継がれた絶対王政の巨大な上部構造をくつがえすことが「市民革命」の課題となります。それは資本主義にふさわしい上部構造を形成することです。政治制度においては、議会制民主主義や地方自治制度の形成です。法制度では憲法にもとづく「立憲主義」（憲法によって権力を制限することによって国民の権利を守る制度）の実現です。また人権や、自由主義・民主主義の思想が展開され、政治と宗教との分離や、学問・芸術・文化の自由が徐々に保障されるようになりました。

資本主義の発展とその矛盾

資本主義の経済・政治・社会制度のもとで、生産力が大きく発展しました。18世紀半ばのイギリスでは「産業革命」が起こりました。それは、機械の発明によって、従来の「工場制手工業」を「機械制大工業」に変えることです。産業革命は綿工業から始まりましたが、機械を製造する機械工業、機械の原料の鉄をつくる鉄工業、燃料の石炭を生産する石炭業、原材料や生産物を蒸気機関車や蒸気船で輸送する運輸業など、多くの産業へと広がりました。

　マルクスとエンゲルスは、産業革命における生産力の発展を次のように言います。「ブルジョアジーは、一〇〇年足らずの階級支配のあいだに、すべての過去の世代を合わせたよりも、いっそう大量かつ巨大な生産力をつくりだした。自然力の征服、機械設備、工業および農業への化学の利用、汽船航海、鉄道、電信……」（『共産党宣言』新日本出版社、57ページ）。

　しかし、資本主義のもとでの「生産力と生産関係との矛盾」も明らかになります。それはまず、10年周期で経済恐慌が起こることです。これは、資本家が利益を追求して過剰な生産を行う一方で、労働者の賃金は安く抑えられるため、生産に対して消費がのびず、生産物をつくっても売れなくなる過剰生産や、過剰な投資のために負債が拡大して金融が破綻することなどによります。

「商業恐慌においては、生産された生産物だけでなく、すでにつくり出された生産力さえも、その大部分が規則的に破壊される」（同、58ページ）。資本主義は、自分がつくりだした生産力を自分で制御できなくなっているのです。この状況について、マルクスらは「ブルジョア社会は、自分が魔法で呼び出した地下の魔力をもはや制御することができなくなった魔法使いに似ている」（同）と言います。

また、資本主義のもとで、生産力をつくりあげている労働力が破壊されます。産業革命によって機械が工場に導入されると、労働者は機械に従属し、工場は兵舎のように管理され、長時間労働を強制されます。子どもも大人と同じように工場で働くようになります。ここから労働者の病気や災害や過労死が起こります。多くの労働者は短命で亡くなりました。そこでマルクスは言います。「資本は、社会によって強制されなければ、労働者の健康と寿命に対して、なんらの考慮もはらわない」（『資本論』①464ページ）。これに対して、労働者は労働時間の短縮などのために大闘争を展開しました。

資本主義のもとでは、自然も破壊されます。マルクスは資本主義的生産は、「人間と自然との物質代謝」を撹乱すると言います。資本主義的生産は自然から資源を奪い、土地の豊かさを破壊し、また廃棄物によって自然を汚染します。この問題は、20世紀には地域の環境破壊だけでなく、地球の温暖化による気候変動などの地球環境問題にもなっています。

これらが、資本主義における「生産力と生産関係との矛盾」を示しています。ここから、マルクスは資本主義における「社会革命」を論じました。この問題は、次章で考えたいと思います。

第8章 社会革命と階級闘争

前章では、「社会革命」がなぜ起こるのかを考えました。それは、従来の社会の生産力を発展させてきた生産関係（奴隷制・封建制・資本制など）が、もはや生産力を発展させるどころか、生産力を破壊するようになるからです。このような「生産力と生産関係との矛盾」が社会革命の客観的根拠です。そして社会革命を引き起こすものは階級闘争の発展です。この章ではこの問題を考えたいと思います。

1　土台と上部構造の変革

マルクスは、生産関係が生産力を破壊し、生産力と生産関係とが矛盾するようになると、「そのときに社会革命の時期が始まる」と言います。彼は続いて、次のように言います。「経済的基礎が変化するにつれて、巨大な上部構造の全体が、徐々にせよ急激にせよ、くつがえる。このような変革を考察するにあたっては、経済的な生産条件における自然科学的な正確さで確認できる物質的な変革と、人間がこの抗争を意識し、この抗争を闘って決着をつける場となる、法律、政治、宗教、芸術、または哲学の諸形態、簡単に言えばイデオロギー的諸形態とを、つねに区別しなければならない」（『『経済学批判』への序言・序説』新日本出版社、14～15ページ）。

ここでは、社会の経済制度である「土台」と、政治的・法律的制度（国家）や社会的意識形態（イデオロギー）という「上部構造」との区別と関係が述べられています。「社会革命」はこのような土台と上部構造の全体にわたる変革を意味します。

経済的な基礎の変化と抗争

「生産力と生産関係との矛盾」は、資本主義社会ではまず経済恐慌として現れました。1825年以来、経済恐慌が約10年周期で起こってきました。このときには、生産物が売れなくなり、工場が閉鎖されて、生産力が定期的に破壊されます。労働者は、景気のよいときには長時間労働を強いられ、不況になると解雇されます。また資本主義的生産は、土地や資源の過度の利用によって自然をも破壊します。マルクスの時代にロンドンなどの都市の環境破壊も起こりました。

ここから、労働者のたたかいも起こります。これが、「経済的な生産条件」における「抗争」です。つまり、経済的条件における階級闘争です。このような経済的基礎における変化は、経済恐慌による企業の倒産、大資本への資本の集中、さらに労働者の生活状態や死亡率の変化、ストライキの発生、賃金や労働時間などの変化として現れます。これらは政府などの公的な機関によっても記録され、経済的な統計として「自然科学的な正確さ」で確認されます。これらは「経済的な生産条件における物質的な変革」です。しかしこれだけでは「社会革命」は起こりません。

政治的・思想的闘争

マルクスは、「経済的な生産条件における物質的変革」と「この抗争を闘って決着をつける場となる、法律、政治、宗教、芸術、または哲学の諸形態、簡単に言えばイデオロギー的諸形態」とを区別します。つまり、経済的な抗争を意識してたたかわれる法律や政治での闘争、および宗教や芸術や哲学での闘争が、社会革命の決着をつけるのです。ここに政治や思想におけるたたかいの意義があります。

しかし、また逆に、政治や思想におけるたたかいは、「経済的な生産条件における物質的変革」を基礎にしなければなりません。政治や思想におけるたたかいだけでは、社会革命はおこりません。資本主義の客観的矛盾を十分に分析しないで、「社会革命」を起こそうと意識するだけでは、それは実現しません。このことをマルクスは次のように言います。

「このような変革の時期を、その時期の意識をもとに判断することはできないのであって、むしろこの意識を、物質的生活の矛盾から、すなわち社会的生産力と生産関係とのあいだに存在する矛盾から、説明しなければならない」（同上、15ページ）。

つまり、社会革命の時期は、あくまでも「生産力と生産関係との矛盾」という客観的な現実に基づいて判断されなければならないのです。

新しい生産関係の物質的条件

マルクスは社会革命の条件について、さらに次のように述べます。

「一つの社会構成体は、すべての生産力がそのなかではもう発展の余地がないほどに発展しきらないうちは、けっして没落することはなく、また、新しいさらに高度の生産関係は、その物質的な存在条件が古い社会の胎内で孵化《ふか》しきらないうちは、けっして古いものに取って代わることはない」（同上）。

マルクスは、１８４７年のヨーロッパでの経済恐慌の後に１８４８年に大きな革命運動が起こったことから、１８５７年の経済恐慌の後にも革命運動が起こることを期待しました。しかし１８５８年には大きな革命運動は起こりませんでした。１８５９年に出版された『経済学批判』「序言」にはこの経験が反映されています。経済的基礎の変化と抗争だけでは社会革命は起こりません。「新しい生産関係」をつくる「物質的な存在条件」の生成が必要なのです。マルクスは言います。

「それだから、人間はつねに、みずからが解決できる課題だけをみずからに提起する。というのは、……課題そのものが生まれるのは、その解決の物質的条件がすでに存在しているか、または少なくともそれらが生成の過程にあることが把握される場合だけである」（同上）。

このように、社会革命の「物質的条件」の存在やその生成の過程をとらえることが重要です。では、社会革命の「物質的条件」とは何でしょうか。マルクスは「序言」の中で、資本主義社会（ブルジョア社会）について次のように言います。「ブルジョア社会の胎内で発展しつつある生産力は、同時にこの敵対を解決するための物質的条件をもつくりだす」（同、16ページ）。

ここで注目されるのは、「発展しつつある生産力」が、階級的な「敵対」を解決するような社会革命の「物質的条件」をつくりだすということです。つまり、生産力の発展が社会変革のための「物質的条件」をつくりだすのですが、生産力そのものが「物質的条件」ではありません。では「物質的条件」とは何でしょうか。

資本主義社会では、生産力が発展するとともに、その生産力をになう労働者階級が成長します。しかも労働者階級は、生産力の発展をになうだけではありません。労働者の権利を獲得するために労働組合を組織し、社会的な力をもち、政治的な活動も行い、政治的権利を求めます。またそのためにも労働者は学習や教育によって精神的能力を発達させます。さらに、経済恐慌などの「生産力と生産関係との矛盾」が進行するなかで、労働者階級の運動がいっそう高まります。マルクスは、このような労働者階級の経済的・社会的、政治的・精神的な力の増大こそが社会革命のための「物質的条件」であると考えました。

この点で、青年マルクスはすでに、「理論といえども、大衆をつかむやいなや、物質的な威力となる」（『ヘーゲル法哲学批判序論』国民文庫、３４２ページ）と言っていました（本書第1章、参照）。マルクスがいう「物質的条件」とは、生産力そのものや物理的な力のことではなく、社会を変革する現実的な力のことです。ここで「物質的」とは「現実的」という意味です。それは、労働者階級の経済的・社会的・政治的・精神的な力です。マルクスは、この意味での「物質的条件」の「生成の過程」を詳しく研究しました。

2　資本主義変革の物質的条件の生成

労働組合のたたかい

資本主義の「産業革命」によって成立した「機械制大工業」では、大量の労働者が同じ工場で機械に従属しながら働きます。成人男性だけでなく、女性も子どもも働くようになりました。資本は機械の都合に合わせて労働者を組織します。資本は、機械が最初に導入された繊維産業だけでなく、機械工業、鉄工業、石炭業、運輸業などでも労働者を組織します。このことが生産力を飛躍的に発展させせました。

マルクスは、このように資本が生産力を発展させるために、労働者を組織することを「結合」と言います。しかし、それは資本の利潤追求のためですから、労働者の低賃金や長時間労働、過密労働などが強制されました。そこで、労働者は、団結して、労働組合をつくってたたかいました。このたたかいについてマルクスは「国際労働者協会創立宣言」の中で次のように言います。

「成功の一つの要素を労働者はもっている――人数である。だが人数は、結合が労働者階級を団結させ、知識が労働者階級を導く場合にのみ、ものをいう」(『インタナショナル』新日本出版社、20ページ、訳は少し変更しています)。

ここで、マルクスが「結合」というのは英語では「コンバイン」です。それは、資本による労働者の結合を意味します。しかし「結合」だけでは労働者はたたかえません。資本は労働者を「結合」しながら、労働者どうしを競争させたり、バラバラに分断したりもします。そこで、労働者は工場などでの「結合」を通して自覚的に「団結」します。これは英語では「ユナイト」や「アソシエイト」です。イギリスの労働組合はパブ(居酒屋)で生まれたといわれます。労働者はパブで食事をし、ビールを飲んで、仕事の疲れをいやしながら、労働組合の話し合いも行いました。

また労働者は、たたかうために知識が必要です。かつてイギリスでは工場に機械が導入され、労働者が機械に従属させられたり、解雇されたりしたことに対して、「機械打ちこわし運動」が起こりました。これに対して国家権力は厳しい弾圧を行いました。機械を打ち壊すだけでは、労働者の生活は守れません。そこで、労働者は労働組合をつくり、団体交渉を行い、ストライキも行って、労働条件を改善していきました。またマルクスの科学的社会主義を学ぶ労働者も増加しました。

マルクスは、労働組合の過去・現在・未来を語るなかで次のように言います。「最近になって、労働組合は、自分の偉大な歴史的使命にいくらか目覚めつつあるようにみえる」(『インタナショナル』58ページ)。労働者階級の歴史的使命とは、労働者が資本主義を変革して、労働者を解放するとともに、階級支配そのものをなくすことです。

労働時間短縮の意義

マルクスが、労働条件の改善のうえでなによりも重視したのは、産業革命の当時、1日15時間以上にもなった労働時間を短縮するたたかいです。マルクスは言います。「労働時間の制限は、それなしには、いっそう進んだ改善や解放の試みがすべて失敗に終わらざるをえない先決条件である」(同、51ページ)。

労働時間の短縮は、労働者に自由時間を作りだします。それが、労働者の健康と身体的エネルギーをとりもどし、精神的発達をとげ、家族や友人たちの社会的交流や、労働組合などの社会的活動、さらに政治的活動を行うことを可能にします。

イギリスの労働者は長年にわたる大闘争を展開して、「工場法」を勝ち取りました。「工場法」は、1日の労働時間を12時間に、さらに10時間に制限したものです。また工場で働く子どもたちの学校教育を工場主に義務づけ、工場の安全管理も義務づけました。この法律が工場で守られるように監視する「工場監督官」もおかれました。マルクスの時代から、労働者はさらに1日8時間に労働時間を短縮することを求めてたたかいました。

「工場法」は「マグナ・カルタ」

マルクスは「工場法」について、それは、労働者が自分たちと家族を「死と奴隷状態におとしいれることを阻止する強力な社会的防衛手段」であると言います。そして、「『譲ることのできない人権』のはでな目録に代わって、法律によって制限された労働時間というつつましいマグナ・カルタが登場する」（『資本論』②525ページ）と言います。

ここで「譲ることのできない人権」とは、フランス人権宣言などの言葉です。この人権宣言は人間の「自由・平等」などを定めた重要なものです。しかしそれは、「所有権」は絶対不可侵な権利であると宣言して、資本家による労働者の搾取も承認するものでした。それに対して、「工場法」は労働時間の制限という「つつましい」ものですが、労働者の権利を初めて明確に定めたものです。これをマルクスは「マグナ・カルタ」と呼びました。

「マグナ・カルタ」は、もともと13世紀にイギリスの王に対して貴族らの権利を認めさせたもので、税の徴収や行政などの王の専制を制限したものです。これがイギリスでは人権宣言の源流として、王の権力を制限して人民の権利を守る「立憲主義」の出発点になりました。マルクスは、「工場法」を「マグナ・カルタ」にたとえて、それが労働者の人権の出発点となると言うのです。実際、労働者は20世紀には1日8時間労働制などを実現していきました。

　こうして、労働者は、自分たちの生命と生活を守るための社会的防衛手段をたたかいとっただけでなく、資本の横暴な支配を変革するための、労働者の新しい人権を獲得したのです。

　また「工場法」には、工場で働く子どもの学校教育も定めました。工場への新しい機械の導入とその使用や補修、規律のある集団労働などのためには、読み書き・計算などが必要になります。また技術教育も必要です。このような教育が、労働者とその子どもの精神的発達を可能にします。この精神的発達は、労働者の知識と判断能力を高め、合理的精神や批判的精神をも

育てます。

また、女性が工場で働くようになると、女性の社会的能力が発揮されます。女性も労働運動や社会運動に参加して、女性の社会的地位を高めます。男女が共に社会変革の運動をになうことになります。

普通選挙権、パリ・コミューン

マルクスはさらに「工場法」について、工場監督官の次の言葉を引用しています。

「工場法は、労働者たちを自分自身の時間の主人にすることによって、彼らがいつかは政治的力をもつことを可能にする精神的エネルギーを与えた」(『資本論』②526ページ)。

労働者が時間の奴隷となっている状態から解放されて、「自分自身の時間の主人」になることは、労働者が社会の主人公になるための重要な条件です。工場監督官たちは、労働者が自由な時間を使って、労働運動を発展させ、精神的にも発達し、さらに普通選挙権の獲得をめざす政治運動も取り組んでいることを観察していました。

イギリスの労働者は、普通選挙権を定めた「人民憲章(ピープルズ・チャーター)」を求める「チャーチスト運動」を展開しました。数百万人の署名が国会に提出されました。この運動は政府によって弾圧されましたが、選挙権の範囲はしだいに拡大されました。マルクスは、イギリスの労働者階級が選挙によって政権を獲得する可能性があると考えました。

さらに、1871年には「パリ・コミューン」が成立しました。1870年のフランスとプロイセンの戦争で、フランス政府は降伏しました。しかし、パリを防衛していた労働者たちは、パリに独自の政権を樹立しました。この「パリ・コミューン」はプロイセン軍の包囲のもとで、フランス政府軍の猛攻撃によって崩壊させられました。しかし、わずか72日間でしたが、普通選挙によって労働者の政治権力を樹立し、貧民の救済や無償教育などの公共政策を実施しました。マルクスは、「パリ・コミューン」を労働者の政権として高く評価しました。

このように、労働者階級は、資本主義のなかで生産活動をにない、労働運動によって社会的権利を獲得し、精神的発達をとげ、政治にも参加し、労働者の政権を樹立しうることも示しています。マルクスは、このような労働者階級の経済的・社会的・政治的・精神的成長こそが、資本主義を変革する「物質的条件」の生成であると考えました。この意味で、労働者階級こそが将来社会をになう階級なのです。

3　階級闘争と弁証法

マルクスが論じたように、階級闘争は弁証法の実例です。しかも、弁証法の核心が矛盾にあることをよく示しています（弁証法については、本書第4章、参照）。マルクスは『資本論』で「工場法」の成立をめぐる階級闘争を詳しく紹介しました。それは、資本家階級と労働者階級の「権利対権利」の矛盾（アンチノミー）を現実的に解決するためのたたかいです。このようなたたかいの中で、労働者階級が経済的・社会的・思想的な力をつけて、社会を変革する主体となっていくのです。

『資本論』の弁証法

マルクスはまた、『資本論』で用いた彼の「合理的な姿」での弁証法について、次のように言います。

「この弁証法は、現存するものの肯定的理解のうちに、同時にまたその否定の理解、その必然的没落の理解を含み、どの生成した形態をも運動の流れの中で、したがってまたその過ぎ去る側面からとらえ、何ものによっても威圧されることなく、その本質上、批判的で革命的である」（『資本論』①29ページ）。

マルクスは、現存する資本主義をありのままに、その積極面も含めて「肯定的」にとらえました。また同時に、資本による労働の搾取や、「富と貧困」の矛盾を引き起こす資本主義的蓄積の過程や、自然破壊をとらえ、周期的な恐慌による生産力の破壊をとらえました。しかも資本主義のもとで労働者階級が経済的・社会的・政治的・精神的に成長して、資本主義はいずれ必然的に没落し、新しい社会が形成されることを論じました。これが資本主義の「否定的理解」です。

このように資本主義を分析しながら、資本主義のもっている問題点を矛盾としてとらえることが、資本主義の「肯定的理解」を「否定的理解」へと逆転させます。これがマルクスの「批判的で革命的な弁証法」なのです。

現在の日本における矛盾

マルクスの弁証法を参考にして、現在の日本政治について考えてみましょう。

安倍政権は、2015年9月に集団的自衛権を含む「安全保障法」を国会での強行採決によって成立させました。これは、日本が外国から攻撃を受けなくても、アメリカが引き起こす戦争に自衛隊を参加させるものです。それはまさに「戦争法」です。ここには重大な矛盾が含まれています。

第一に、「戦争法」は日本国憲法の「平和主義」を真っ向から否定するものです。圧倒的多数の憲法学者や内閣法制局元長官、最高裁判所元長官らも、戦争法案は「違憲である」と批判しました。ここには憲法の「平和主義」と、それを真っ向から否定する安倍政権との矛盾があります。

第二に、安倍政権は、アメリカの世界戦略に従属することを憲法に優先させ、内閣による閣議決定だけで憲法解釈を変更し、さらに国会での強行採決によって、憲法違反の「戦争法」を成立させたのです。これに対して、憲法改正の正規の手続きを経ないで憲法を変える「クーデター」だという批判が、憲法改正論者からもおこっています。安倍政権は、国家の政治は憲法に基づくものであり、憲法によって政治権力を制限し、国民の権利を守るという「立憲主義」を真っ向から否定しています。ここには、近代国家が確立してきた「立憲主義」と、それを破壊する安倍政権との深刻な矛盾があります。

第三に、憲法違反の「戦争法案」に対して国会でも鋭い追及が行われました。安倍首相や中谷防衛大臣らは、当初の説明をくつがえしたり、しばしば答弁不能におちいりました。また自衛隊の秘密文書も暴露されて、アメリカ軍と自衛隊がすでに「戦争法」を前提とした共同訓練をしていることなども明らかになりました。この中で「戦争法案」に反対する広範な国民の運動が高まりました。国会周辺でも多くの市民・労働者・若者らが反対の声をあげました。世論調査では国民の80％が「政府の説明は不十分だ」と答え、60％が「今国会で成立させる必要はない」と答えました。安倍政権はこのような多数の国民の声を踏みにじりました。ここには「民主主義」（国民主権、議会制民主主義）と、これを破壊した安倍政権との矛盾があります。

こうして、現在の日本政治は、「平和主義」・「立憲主義」・「民主主義」と、それを破壊する安倍政権との重大な矛盾の中にあります。この中で、日本共産党の志位委員長は、「戦争法廃止・安倍政権打倒」の一点に絞った国民的共同によって「国民連合政府」を樹立することを提唱しました。これは現在の日本の政治をめぐる矛盾の焦点をついた、きわめて的確な提起です。その後、野党の共闘が前進しています。「戦争法」に反対する圧倒的多数の国民の運動と世論がいっそう高まり、安倍政権を追いつめ、「戦争法」廃止の実現が期待されます。またこの運動が日本の民主主義をいっそう前進させることでしょう。

弁証法によって現実の矛盾をとらえる認識と運動こそが、社会を変革する大きな力になるのです。

第9章
世界史と人間の自由の発展

マルクスは世界史を視野に入れて、人間社会の発展を考えました。それがマルクスの「史的唯物論」です。その特徴は、人間の労働の発展が基礎となって社会が発展することを明らかにすることです。

前章までに、生産力と生産関係、土台と上部構造などについて考えました。そして生産力と生産関係との矛盾が社会革命の客観的根拠となり、階級闘争の発展が社会革命をおこすことを学びました。この章では、マルクスの世界史のとらえ方を学び、その中から人間的自由の発展を考えたいと思います。

1　世界史の発展

マルクスは『経済学批判』の「序言」で、経済学批判の方法論となった「史的唯物論」を定式化しました。その中で、世界史の発展について次のように言います。

「大づかみに言って、アジア的、古典古代的、封建的、および近代ブルジョア的生産様式が、経済的社会構成体の進歩していく諸時期として特徴づけられる」(『『経済学批判』への序言・序説』新日本出版社、15～16ページ)。

ここでマルクスは「大づかみに」世界史の時代区分を述べて、各時代を「生産様式」(生産力と生産関係をもった生産の仕方)によってとらえています。そして生産様式の発展が、「経済的社会構成体」(経済を基礎とした各時代の社会構造)の進歩する諸時期を示すと言います。この時代区分から見ましょう。

原始共同体、古代奴隷制、中世封建制、近代資本制

まず「アジア的生産様式」とは何でしょうか。それは、マルクスが研究したインドの共同体などです。ここには階級のない共同体が存在しました。これは「原始共同体」という人類の最初の社会です。ここでの生産活動は、採集や狩猟から、しだいに農業や牧畜が行われました。これらの生産活動には共同体のだれもが参加して、その成果は共同体の中で分配されました。こうして共同の労働と共同の分配が行われましたので、この生産様式は「原始共産制」とも呼ばれます。

こうして、「アジア的生産様式」とは、アジアに見られた原始共同体を意味します。しかしその後、原始共同体はアジアだけでなく世界中に存在したことが明らかになりました。

原始共同体では、農業や牧畜を中心にしだいに生産力が発展しました。労働手段も石器や木製からしだいに鉄器などがつくられるようになりました。こうして生産力が増大すると、食料の備蓄などができます。そして直接の労働から解放された人々が、生産活動の指揮や生産物の管理などを行い、また宗教や政治にたずさわります。この人々が共同体の支配者となりました。この支配者がしだいに大きな力をもち、専制的な王として、共同体をまるごと奴隷として支配しました。マルクスはこのような奴隷制を『経済学批判要綱』（1857～58年の草稿）では「総体的奴隷制」と呼びました。このような奴隷制は、中国やインドやエジプトやメソポタミアなどにも存在しました。日本の古代国家もこれに含まれます。

「序言」では「アジア的生産様式」の次に、「古典古代的生産様式」が述べられます。それは、古代ギリシア・ローマの奴隷制です。ヨーロッパでは、古代ギリシア・ローマの時代を「古典古代」と呼びました。それは、古代ギリシア・ローマで、ヨーロッパ文明の基礎が築かれ、政治・法律・学問・芸術・スポーツ、建築などが発展したからです。

古代ギリシアでは「ポリス」と呼ばれる都市国家ができました。ポリスでは、貴族や自由な市民たちが民主制などの形態で政治を行い、直接の労働を行う奴隷を支配しました。また古代ローマでも、貴族や市民が政治の中心になって帝国をつくり、多くの植民地と膨大な奴隷を支配しました。

「封建的生産様式」とは、ヨーロッパの中世の時代の生産様式です。ここでは、王が臣下に土地を「封土」として与え、領主は王に忠誠をつくします。そして領主が農民を土地に縛りつけて支配するのです。この「封建的生産様式」のもとで生産力が発展しましたが、また農民一揆などによる「生産力と生産関係との矛盾」がおこりました。

ここから、西ヨーロッパで近代の「資本主義的生産様式」が形成されました（以上については、本書第6章、第7章、参照）。

生産様式の発展から歴史をとらえる

アジア、古代ギリシア・ローマ、ヨーロッパ中世、西欧近代、という世界史のとらえ方は、マルクスの独創ではありません。すでにヘーゲルは『歴史哲学講義』の中で、世界史を東洋世界、ギリシア世界、ローマ世界、ゲルマン世界（キリスト教・中世・近代）への進歩として論じました。マルクスの時代区分はこれにほぼ対応します。しかし今日では世界史の区分はより新しい研究に基づく必要があります。しかもマルクスは、世界のどの国も同じような発展過程をたどったとは言っていません。各国の歴史については具体的な実証研究が必要です。

ヘーゲルとマルクスの歴史観の大きな違いは、歴史を進歩させるものは何かという点にあります。ヘーゲルは、世界史を発展させるのは「世界精神」だと主張しました。「世界精神」が各時代の英雄らを使いながら、世界史を進歩させるというのです。それに対して、マルクスは、人間の労働が発展して生産力が高まり、新しい生産関係ができること、つまり「生産様式」が発展することが歴史の進歩だと考えました。マルクスは、世界史は「生産様式」の発展に基づいて、原始共同体、奴隷制、封建制、資本制という「経済的社会構成体」が「社会革命」によって発展すると主張するのです。

2　ブルジョア社会から人間的社会へ

ブルジョア社会は最後の敵対的形態

マルクスは続いて次のように言います。

「ブルジョア的生産関係は、社会的生産過程の最後の敵対的形態である。敵対的というのは、個人的敵対という意味ではなく、諸個人の社会的生活条件から生じる敵対という意味である」

（同、16ページ）。

奴隷制社会でも、封建制社会でも、資本制社会でも、マルクスが言うように、社会的な意味での「敵対」が存在します。それは階級支配であり、そこから階級闘争も起こりました。これらはいずれも社会的な「敵対」が存在する階級社会です。しかしマルクスは、ブルジョア社会は「最後の敵対的形態である」と言います。ブルジョア社会は階級社会の最後の形態であり、その後には階級的な敵対の存在しない社会が登場するというのです。マルクスはさらに続けて次のように言います。

「しかしブルジョア社会の胎内で発展しつつある生産力は、同時にこの敵対を解決するための物質的条件をもつくりだす。それゆえ、この社会構成体をもって人間的社会の前史は終わりを告げる」（同）。

これまでに見たように、ブルジョア社会の中で、経済恐慌・人間破壊・自然破壊など「生産力と生産関係との矛盾」がおこります。ここから、資本家階級に対する労働者階級の闘争が発展します。労働者階級が生産力をにないながら、経済的・社会的・政治的・精神的な力量を増大させます。この労働者階級の成長が、「敵対を解決するための物質的条件」です（本書第8章、参照）。そしてブルジョア社会でもって、社会の「敵対的形態」つまり階級社会は終わりを告げる、とマルクスは言うのです。

人間的社会とは何か

マルクスは、資本主義社会（ブルジョア社会）でもって階級社会が終わることを、「この社会構成体〔ブルジョア社会〕でもって人間的社会の前史は終わりを告げる」と言います。この言葉の意味を考えましょう。

ここで「人間的社会」とは将来の共産主義社会のことです。マルクスは「フォイエルバッハにかんするテーゼ10」で、「新しい唯物論の立場」は「人間的社会」であると言っていました（本書第5章、参照）。ここでも「人間的社会」とは真に人間らしい社会としての共産主義社会を意味していました。さらにマルクスの『経済学・哲学草稿』では、共産主義社会の実現について、「人間による人間のための人間的本質の現実的獲得としての共産主義」と言っていました（本書第1章、参照）。「序言」の「人間的社会」もこれと同じ意味で、共産主義社会です。

つまり、ブルジョア社会は階級社会の最後の形態であって、ブルジョア社会でもって「人間的社会」としての共産主義社会の「前史」は終わる、とマルクスは言うのです。「前史」とはある時代の前の歴史です。たとえば、マルクスは、資本主義社会の前に行われた「資本の本源的蓄積」を「資本の、そして資本に照応する生産様式の前史」と言っています（『資本論』④１２２４ページ）。同様に、ブルジョア社会は、将来の共産主義社会の「前史」であり、しかも最後の「前史」となって、新しい社会を準備するのです。

「人間的社会」としての共産主義社会は、「各人の自由な発展が万人の自由な発展の条件である協同社会」（『共産党宣言』新日本出版社、86ページ）とも表現されました。『資本論』でも同様に、「自由な人間たちの連合社会」（『資本論』①１３３ページ）と言われます。これらでは、各人の自由な発展が万人の自由な発展の条件となり、人間が互いに平等で、協力しあう「協同社会」、「連合社会」が考えられています。こうしてマルクスのいう共産主義社会は、人間の自由・平等・協同を真に実現する「人間的社会」なのです。

3　人間の自由の発展

マルクスは、以上のように、世界史の発展を人間の自由の発展と考えました。これはヘーゲルの思想を受け継ぐものです。ヘーゲルは、観念論の立場からですが、世界史は「自由の意識における進歩」であると主張しました。古代オリエントでは専制的な王だけが自由であり（一人の自由）、古代のギリシア・ローマでは市民の自由（少数者の自由）が登場し、近代社会では「万人の自由」が自覚されると言いました。

ヘーゲルは「自由の意識」の進歩を論じたのですが、マルクスは、人間の労働と生産様式の発展による人間の現実的な自由の発展を論じます。ここでマルクスの自由論を見てみましょう。

人格的自由

マルクスは、人間の自由とは「各個人が自分の素質をあらゆる方面に発展させること」だと言います。つまり、各個人の個性を十分に発展させることです。言いかえれば、人間の「自己実現」です。これは「人格的自由」と呼ばれます（『［新訳］ドイツ・イデオロギー』新日本出版社、

80ページ)。

原始共同体では、人間は平等ではありましたが、生産力が低く、各個人の能力を発展させる条件はまったく不十分でした。人間は共同体の中で相互に依存しあって生きるしかありませんでした。

奴隷制や封建制の社会では、労働する人間は奴隷主や領主らに従属しました。労働する人間が自分の個性を発揮したり発展させたりする機会はきわめて限られていました。これらの社会では、支配階級と支配者によって保護された学問・芸術などの専門家だけが「人格的自由」をもちえたにすぎません。

しかし資本主義社会では、労働者は、土地に縛りつけられるなどの封建的な束縛から解放され、職業選択の自由などを得ます。この意味で労働者は「人格的自由」を獲得します。しかし労働者は、生産手段を持たないために、自分の労働力を商品として売って、資本家に従属します。こうして労働者の「人格的自由」は、自分の労働力を商品として売る自由にすぎません。

資本家は、貨幣や生産手段を資本として持つことによって労働者を支配して、「人格的自由」を発揮できます。しかし資本家も倒産して財産を失うと、この「人格的自由」を失います。資本家は貨幣や資本に依存して「人格的自由」をもつにすぎません。こうして、資本主義社会での「人格的自由」は、商品や貨幣や資本などの「物件」に依存したり、「物件」に従属した自由なのです。

必然性の認識にもとづく自由

労働する人間は、支配階級に従属しながら労働を発展させます。この労働の発展が労働する人間を成長させます。労働とは、人間が「人間と自然との物質代謝」を自らの労働によって制御することです（本書第6章、参照）。そのためには、どのようにすれば「人間と自然との物質代謝」を合理的に統御して、労働を発展させることができるかを、理論的・実践的に知ることが必要です。ここでは自然の法則の認識が不可欠です。

　こうして、自然の「必然性の認識」が労働を発展させ、自然に対する人間の自由を拡大します。農業や牧畜も工業などもこうして発展してきました。自然環境の保護のためにも、環境にかかわる「必然性の認識」が必要です。

　また人間が社会の仕組みやその法則性を知ることも重要です。経済の仕組みを知ることなしには合理的な経済活動はできません。また政治の仕組みを知ることなしには、人間の権利は実現できません。資本主義社会の発展は、経済学や政治学などの発展と結びついています。もちろん、経済学も政治学なども支配階級の利益のために利用されてきました。だからこそマルクスは「経済学批判」を行い、労働者階級の立場から科学的社会主義の理論を提唱したのです。社会の「必然性の認識」が人間の社会的自由を拡大するための重要な条件です。

社会的自由の発展

近代の人権宣言は、経済活動の自由、人身の自由、宗教の自由、言論・表現の自由、学問・思想の自由などを主張しました。これらの社会的自由は「自由権」と呼ばれます。「自由権」は、国民に対する権力の干渉や強制を排除するものです。

しかし労働者にとって、「自由権」だけでは「自由権」は行使できません。「自由権」の実質的な保障のためには、労働時間の制限による自由時間や、生活できる賃金の獲得が必要です。労働者はその運動によって、団結権・団体交渉権・ストライキ権も獲得してきました。またこれらを生かして、普通選挙権、生存権、教育権なども獲得してきました。労働権・教育権・生存権などの権利は、社会的な制度によって個人の権利を保障するものですから、「社会権」と呼ばれます。「自由権」と「社会権」とが「社会的自由」の内容をなします。これらは、人間の個性を発展させる「人格的自由」にとって不可欠なものです。「自由権」は権力の干渉や強制を排除するものです。そのためには、憲法によって権力を制限して、国民の権利を守るという仕組み（立憲主義）の発見が必要でした。また「社会権」の獲得のためにも、経済や政治の仕組みなどについての「必然性の認識」が不可欠であり、憲法で、労働権・教育権・生存権を定めることが必要です。これは「立憲主義」のいっそうの発展です。こうして「社会的自由」の発展は、「人格的自由」とも「必然性の認識」とも結びついています。

資本主義から共産主義への自由の発展

資本主義社会における生産力の発展と、労働者階級の経済的・社会的・政治的・精神的成長は、生産手段を資本家が独占して労働者を支配する仕組みを変革する可能性を生み出します。生産手段の社会的・共同的な所有が実現すれば、人間が資本に依存したり従属する状態を変革することができます。これが社会主義・共産主義の社会です。

マルクスは、このような社会主義・共産主義によってこそ、真に「人格的自由」を実現し、「自由な個性」を発展させることができると考えました。つまり、人間が「人間と自然との物質代謝」を合理的に制御し、人間の「社会的自由」を発展させて、「自由な個性」の発展を実現できると考えました。この問題は、次章で論じたいと思います。

第10章 資本主義社会の変革と将来社会

前章では、世界史と社会発展についてのマルクスの思想を考えました。それは、労働の発展をもとにした「生産様式」の進歩です。その中で、人間の個性を実現する「人格的自由」や、自然や社会の必然性の認識にもとづく自由や、自由権や社会権という「社会的自由」が発展します。この章では、資本主義社会の変革と、社会主義・共産主義という将来社会について考えたいと思います。*

＊なお、マルクスは、社会主義・共産主義の社会を未来社会であり、将来社会であると考えました。その意味では、「未来社会」も「将来社会」も同じ意味です。しかし漢字の意味では、「未来」とは「未《いま》だ来たらず」ですが、「将来」とは「将《まさ》に来たらんとす」です。マルクスは、資本主義社会そのものが社会主義・共産主義の社会を準備すると考えました。本書では漢字のニュアンスを考慮して、「将来社会」という言葉を使いたいと思います。

1　資本主義の矛盾

マルクスは、資本主義社会の矛盾を明らかにすることによって、その変革の必然性と可能性を明らかにしました。この点から見てみましょう。

資本主義社会では、資本家が生産手段（土地、工場、機械、原材料など）を私的に所有し、労働者の労働を搾取します。資本家は相互に競争しながら、生産力を発展させます。この中で、資本は、労働者に長時間労働や過重労働を強制する一方で、不安定な雇用をつくりだして、好況の時期には大量の労働者を雇い、不況の時期には労働者を解雇します。しかも大資本が中小の資本を支配したり、中小資本を倒産させたりします。ここからも大量の失業者が生まれます。これが「資本主義的蓄積」です。このような「資本の蓄積」のために、労働者の「貧困、抑圧、隷属、堕落、搾取の総量の増大」が進みます（『資本論』④1306ページ）。

ここに資本主義の重大な矛盾があります。資本にとっての「富の蓄積」は、労働者にとっては「貧困、抑圧、隷属、堕落、搾取の総量」などの蓄積です。しかも、資本主義的生産のもとで、人間破壊・自然破壊が進むとともに、経済恐慌が周期的に起こって、生産力の破壊も生じます。同時に、資本の支配に抵抗する労働者のたたかいも発展します。労働者は、労働組合を結成してストライキを行い、労働時間の短縮や賃金の改善などを勝ち取ります。また協同組合運動や、普通選挙権を求める運動、科学的社会主義の学習も行い、労働者の社会的、政治的、精神的発達が前進します。

しかも、工業・商業・運輸業・農業などのすべての産業において、その活動をになっているのは労働者です。労働者は、土地や工場や機械などの生産手段を共同で使用します。また現場の労働者を管理し監督するのも管理職・監督職の労働者です。こうして労働者が社会的に結合して生産力の発展をになっています。このような「労働の社会化」と「生産手段の共同使用」とが進みます（同、④1306ページ）。

ここには、資本家が生産手段を私的に所有して、「利潤第一主義」の活動を行うことと、生産力の発展をになう「労働の社会化」や「生産手段の共同使用」との矛盾があります。資本主義のもとでは、生産力の発展のため「労働の社会化」や「生産手段の共同使用」も、資本の支配や利潤追求のために利用されて、人間破壊・自然破壊・生産力破壊が起こります。これが資本主義における「生産力と生産関係との矛盾」です。

2　マルクスの将来社会論

社会主義・共産主義

資本主義の矛盾を解決するためには、資本家が私的に所有している生産手段を、労働者の共同所有にすることが必要です。このことによって、労働の搾取、抑圧、隷属などをなくすことができます。このような生産手段の社会的所有の実現のためには、労働者階級が政治的権力を獲得して、生産手段の所有制度（法的制度）を変革する必要があります。また、資本の自由こそが「自由」だという思想や、労働者の貧困や失業は労働者の「自己責任」だという思想なども克服する必要があります。人間を社会的存在としてとらえて、個人の幸福の実現を社会の課題としてとらえる思想が必要です。

「社会主義」は、生産手段の社会的所有を実現することによって、社会の共同の生産手段を使って共同の労働を行い、その成果を共同で分配する、自由で平等な共同社会（コミューン）の実現を目指します。それは「共産主義」（コミュニズム）の課題でもあります。その意味で、社会主義と共産主義とは密接に関連しますから、「社会主義・共産主義」と呼ばれます。

人間的社会、協同社会、連合社会

マルクスは、社会主義・共産主義の社会を「人間的社会」とも表現しました。それは、社会的な協同の力で「自由な個性」が実現できる社会です。

また、マルクスとエンゲルスは、「階級および階級をもつ古いブルジョア社会の代わりに、各人の自由な発展が万人の自由な発展の条件である協同社会が現れる」（『共産党宣言』新日本出版社、86ページ）と言いました。つまり、将来社会は、資本家階級と労働者階級とが敵対するブルジョア社会に代わって登場するものであり、それは、各人の自由な発展が万人の自由な発展と結びつく「協同社会」（アソシエーション）と表現されています。ここでは、自由で平等な協同社会がうたわれます。

そしてマルクスは、将来社会について、「共同の生産手段で労働し、自分たちの多くの個人的労働力を自覚的に一つの社会的労働力として支出する自由な人間たちの連合社会」と言います（『資本論』①133ページ）。ここでは、生産者が共同の生産手段を用い、協同で計画を立てて、自分たちの労働力を自覚的に一つの社会的労働力としてまとめ上げます。この点で、将来社会は「連合社会」と呼ばれます。

この「連合社会」は、資本主義社会において、資本の支配とたたかう労働者の「団結」や「連合」をもとにして形成されるものです。マルクスはこの「団結」や「連合」（ドイツ語でフェルアイネン）が発展したものとして、将来社会を「連合社会」（ドイツ語でフェルアイン）と言います。

つまり、資本主義社会における団結や連合が将来の連合社会を準備するのです。

マルクスは続けて言います。「この連合社会の総生産物は社会的生産物である。この生産物の一部分は、ふたたび生産手段として役立つ。この部分は依然として社会的なものである。しかしもう一つの部分は、生活手段として、連合体の成員によって消費される。だからこの部分は彼らの間で分配されなければならない」(同)。そして、生活手段の分配にあたっては、たとえば各構成員が提供した労働時間によることなどが考えられる、と述べています。

つまり、「連合社会」の「総生産物」のうち、一部は生産手段となり、また社会的必要(公的支出や社会保障など)のために消費されます。しかし他の一部は、連合社会の生産者の生活手段として、各個人に分配されます。こうして、マルクスのいう「自由な人間たちの連合社会」は、生産手段の「共同所有」によって協同労働を行い、また生産物を協同で社会と個人に分配して、各人の生活手段が「個人的所有」となる社会です。

3　自由・平等・協同の実現

以上のように、マルクスの描く将来社会は、人間の「自由・平等・協同」を実現する社会です。しかしそれは一挙には実現できません。「自由な個性」の発展のためには、その物質的条件が必要です。そこでマルクスは、人間の生活時間を「必然性の国」と「自由の国」とに分けて考えました。

必然性の国と自由の国

社会主義・共産主義の社会においても、人間の生活のための物質的生産とそのための労働が必要です。この労働時間が「必然性の国」です。ここでは「自然の必然性」に従った労働が行われます。同時にここでは「労働における自由」が追求されます。それは、生産者の協同の計画によって、「人間と自然との物質代謝」を合理的に制御して（この意味での生産力を高め）、力の最小の支出（省エネルギー）によって、また人間の本性（人間的自然）にもかなった仕方で、労働することです（『資本論』⑬１４３５ページ）。このことによって、人間らしい労働や、人間と自然とが調和した労働が実現できます。

この「必然性の国」では、生産力の発展によって労働時間をますます短縮することができます。社会主義・共産主義では、資本によって労働が搾取される「剰余労働時間」がなくなります。そのために、労働時間は大きく削減でき、自由時間が増大します。

この自由時間が「自由の国」です。マルクスは、「自由の国」では「人間的な力の発展が自己目的となる」（同）と言います。それは「自由な個性」を実現できる世界です。では、「人間的な力の発展」のために人間は何をするのでしょうか。この点で、マルクスが資本主義における労働時間の制限の意義を述べた次の言葉が参考になります。

「労働時間の制限は、労働者階級の健康と身体的エネルギーを回復し、精神的発達、社会的交流、そして社会的および政治的活動を可能にするために必要である」（『インタナショナル』新日本出版社、51ページ)。

労働時間の制限によって得られる自由時間の意義は、資本主義にも将来社会にも当てはまるでしょう。健康と身体的エネルギーの増進、精神的発達のための活動、家族や地域、さらに国際社会にいたる社会的交流、労働組合や住民自治、民主主義のための政治活動、環境・福祉・平和のための活動など、その範囲は限りなくあります。これらはいずれも「人間的な力の発達」のための活動です。

以上のような「労働における自由」と「自由の国」が人間の自由を実現するものです。

平等の実現

近代の人権宣言が主張した「平等」は、貴族と平民などの身分を廃止するという意味でした。また人権宣言の精神に立って、奴隷制の廃止、男女の平等、人種の平等、民族の平等も主張されてきました。これらは人間の平等にとって重要なことです。

しかし資本主義社会では、資本家と労働者との不平等、富裕層と貧困層との不平等などが拡大します。また男女の不平等、人種差別、民族の不平等も依然として存在します。さらに先進資本主義国と発展途上国との不平等もあります。

社会主義・共産主義の社会では、階級の廃止によって、資本家と労働者との不平等が解決されます。それによって、男女の不平等や民族の不平等などの解決も前進します。これは「社会的・経済的・政治的不平等」の解決にとって重要な前進です。しかし社会主義・共産主義の社会においても、不平等が一挙に解決できるわけではありません。

共産主義社会での平等

社会主義・共産主義の社会では、階級の区別がなくなり、誰もが労働する点で平等です。そして労働に応じるなどして、各個人の消費手段が分配されます。しかし人間の能力の発達は不平等です。そうすると、能力の格差がそのまま肉体労働と精神労働などの相違となり、それがまた生産物の分配の格差になります。ここにはまだ不平等が残ります。その意味で、マルクスは、この「平等の権利」はまだ「ブルジョア的な権利」にすぎないと言います（マルクス・エンゲルス『ゴータ綱領批判・エルフルト綱領批判』新日本出版社、28ページ）。ここでは、人間の能力の発達をいかに保障するかが重要な課題となります。

また、資本主義から社会主義・共産主義への変革の過程で、教育権や生存権も確立され、子どもの扶養や教育、病人や高齢者、障害者などの社会保障が進みます。学校をはじめ病院やさまざまな施設などは社会の共同の費用によって運営されます。この点も「平等」の前進にとって重要なことです。

そしてマルクスは、社会主義・共産主義社会の発展のなかで人間の能力そのものが発達して、特定の仕事だけを行う固定的な分業が解消され、精神的労働と肉体的労働との対立がなくなると考えます。ここでは、労働はたんに生きるための手段だけでなく、人間の生活と発達のために必要なものとして、各個人が自発的に参加するものになります。その意味で、マルクスは労働が

「生活の第一の欲求」になると言います。そして各個人の全面的発達と、それによる生産力の発展と、豊かな協同的な富が可能となると考えます。

このように、人間の能力が発達し生産力が発達すると、それに応じて生産物の分配の仕方も変化すると考えられます。

マルクスは、このような社会主義・共産主義社会の発展によってこそ、実質的な「平等」が実現できると考えました。しかし、それをどのようにして実現するかは、理論的にも実践的にも探求しなければならない課題です。

なお、マルクスによれば、人間の能力の発達と生産力の発展こそが、分配の仕方を決定します。分配の原則が社会のあり方を決めるのではありません。マルクスは、将来社会について、「分配のことで大さわぎをして、それに主たる力点をおくこと」は「誤り」であると言っています(同、31ページ)。人間的な力の発達、各個人の能力と個性の自由な発達にこそ「主たる力点」をおかなければなりません。この視点は、真の「平等」の実現を考えるうえで重要なことです。

協同の実現

以上のように、人間の自由や平等の発展のためにも、人間の「団結」や「連合」や「協同」が不可欠です。フランス革命のスローガンは「自由・平等・友愛」でした。しかし「友愛」は、資本家と労働者にはあてはまりません。そこには現実に「敵対」の関係があります。

労働者にとっては階級的な「団結」や、勤労市民らとの「連帯」が重要です。実際に、労働者は資本の支配に抵抗し、労働者の権利を確立し実現するために「団結」します。また勤労市民とも「連帯」して大資本の横暴とたたかいます。

マルクスはまた、「協同組合労働」は、資本主義に代わる「自由で平等な協同社会」が可能であることを示す点で、大きな意義があると言います。利潤追求を目的としない、労働者協同組合や生活協同組合などのさまざまな協同組合運動は、資本主義社会の中で「協同」を前進させるだけでなく、将来の「協同社会」を準備する意味でも重要です。

しかし同時に、協同組合だけでは資本主義を変革することはできません。マルクスは、社会制度の全体を変えるために、「国家権力を生産者の手に移すこと」が必要であると言います（『インタナショナル』新日本出版社、55ページ）。こうして、マルクスは、労働者、勤労市民の団結と連帯の力で政治・経済・社会の全体を変革して、「協同社会」へと前進することを主張しました。

4　社会的共同と個人の尊重

労働者をはじめとした国民の人権・民主主義・環境・平和のためのたたかいこそが、現代の資本主義を変革して将来社会を実現する展望をきりひらきます。今日、世界中でアメリカなどの帝国主義的な支配に反対する運動が広がり、テロのない平和な世界秩序を求める運動が広がっています。暴力や戦争によって平和は実現できません。なによりも人権・環境保護・民主主義の実現が、国際的な秩序と正義を築く力になります。

日本では、２０１５年からの戦争法反対運動は日本の民主主義運動を新しく発展させています。若者もママたちも壮年労働者も高齢者も、学者や弁護士らの知識人も、それぞれ自発的に運動に参加して、お互いの立場を尊重しながら、自分の言葉で声を上げています。この運動は、日本の立憲主義・平和主義・民主主義を守ろうという運動ですが、その中に、日本国憲法の「個人の尊重」（第13条）や「個人の尊厳」（第24条）の思想がすわっています。

日本共産党の志位委員長は、このことを指摘するとともに、「個人の尊厳」の思想は、マルクスの思想の中にもあることを述べています（『しんぶん赤旗２０１６年1月1日』）。マルクスによれば、人類史の発展の中で、資本主義社会では、個人の「人格的自立」が実現されますが、しかしそれは貨幣や資本という「物件」に依存したり従属したりするものです。それに対して、マルクスは、資本主義社会を変革してつくられる共産主義社会では、各個人の人間的な発達と社会の共同の生産によって、「自由な個性」の発達が可能になると考えます。

資本主義社会の運動においても、「個人の尊重」・「個人の尊厳」を社会的な共同の力で実現しようという運動が、民主主義を発展させ、国際平和を前進させ、地球環境を守る力となります。この運動の発展が、社会的共同にもとづく個人の尊重を真に実現する将来社会を切り開くことでしょう。

参考文献

マルクス『ヘーゲル法哲学批判序論』真下信一訳、国民文庫、大月書店
マルクス『経済学・哲学草稿』城塚登・田中吉六訳、岩波文庫
マルクス・エンゲルス『〔新訳〕ドイツ・イデオロギー』服部文男監訳、新日本出版社
マルクス・エンゲルス『共産党宣言・共産主義の原理』服部文男訳、新日本出版社
マルクス『『経済学批判』への序説・序言』宮川彰訳、新日本出版社
マルクス『資本論』社会科学研究所訳、新日本出版社
マルクス『インタナショナル』不破哲三編集・文献解説、新日本出版社
マルクス・エンゲルス『ゴータ綱領批判・エルフルト綱領批判』後藤洋訳、新日本出版社
エンゲルス『フォイエルバッハ論』森宏一訳、新日本出版社
フォイエルバッハ『キリスト教の本質』船山信一訳、岩波文庫
フォイエルバッハ『将来の哲学の根本命題』松村一人・和田楽訳、岩波文庫
エルヴェシウス『人間論』根岸政雄訳、明治図書
ヘーゲル『歴史哲学講義』長谷川宏訳、岩波文庫
マクレラン『マルクス伝』杉原四郎ほか訳、ミネルヴァ書房
高木八尺ほか編『人権宣言集』岩波文庫

あとがき

本書は、『学習の友』（2015年1月号～12月号）に連載講座として本書と同じテーマで執筆した原稿に基づいています。同講座での最後の2回の補論は、本書では本文に組み込みました。また『学習の友』の連載講座でのイラストをそのまま使用させていただきました。このイラストは、前著『知のエッセンス——働くものの哲学』（学習の友社、2013年）と同様に、京都労働者学習協議会（京都学習協）事務局長の村岡利明さんをとおして京都学習協会員の山口加代さんに描いていただいたものです。

私の連載講座について、毎回のように読者の皆さんからご感想やご意見をいただきました。中には疑問もありました。これらは、私にとって大変励ましになり、刺激にもなりました。本書では、ご意見などを考慮して、表現を修正した部分もあります。

本書の作成にあたって、労働者教育協会（労教協）会長の山田敬男さんからは有益なアドバイスをいただきました。労教協事務局では、労教協の哲学教育に関係する方々のご意見を集めていただきました。そのご意見も大変有益でした。また労教協事務局のみなさんには本書の編集でも大変お世話になりました。お世話になった皆さんに心からお礼を申し上げます。

2016年3月15日

牧野広義

【著者紹介】

牧野広義（まきのひろよし）
1948年　奈良県に生まれる
1977年　京都大学大学院文学研究科博士課程単位取得
現　在　阪南大学名誉教授　労働者教育協会副会長

【おもな著書】

『人間と倫理』1987年、青木書店
『弁証法的矛盾の論理構造』1992年、文理閣
『自由のパラドックスと弁証法』2001年、青木書店
『哲学と知の現在——人間・環境・生命』2004年、文理閣
『現代倫理と民主主義』2007年、地歴社
『『資本論』から哲学を学ぶ』2007年、学習の友社
『マルクスの思想を今に生かす』（共編著）2012年、学習の友社
『人間的価値と正義』2013年、文理閣
『知のエッセンス——働くものの哲学』2013年、学習の友社

協力　京都労働者学習協議会
カバーデザイン　タクトデザイン事務所

世界は変えられる——マルクスの哲学への案内

2016年４月27日　初版第１刷
定価はカバーに表示
著者　牧野広義

発行所　学習の友社
〒113-0034東京都文京区湯島2-4-4
TEL 03-5842-5641　FAX 03-5842-5645　tomo@gakusyu.gr.jp
郵便振替00100-6-179157
印刷所　光陽メディア

ISBN978-4-7617-1441-3　C0036

(キリトリ線)

理科②解答用紙・第１面（'20年度～'15年度用） ※「地学」は'20年度用

注意事項

1　解答科目欄が無マーク又は複数マークの場合は、０点となります。
2　問題番号４５６７の解答欄は、この用紙の第２面にあります。
3　訂正は、消しゴムできれいに消し、消しくずを残してはいけません。
4　所定欄以外にはマークしたり、記入したりしてはいけません。

１科目だけマークしなさい。

解答科目欄	
物　　理	◯
化　　学	◯
生　　物	◯
地　　学	◯

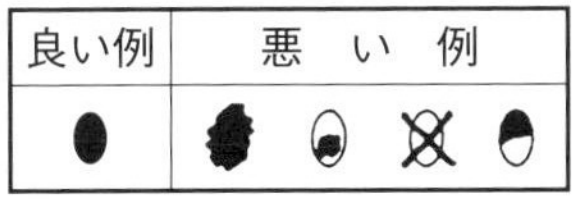

氏名(フリガナ)、クラス、出席番号を記入しなさい。

フリガナ	
氏 名	

クラス	クラス	出席番号	番

1

	解答欄 1 2 3 4 5 6 7 8 9
1	①②③④⑤⑥⑦⑧⑨
2	①②③④⑤⑥⑦⑧⑨
3	①②③④⑤⑥⑦⑧⑨
4	①②③④⑤⑥⑦⑧⑨
5	①②③④⑤⑥⑦⑧⑨
6	①②③④⑤⑥⑦⑧⑨
7	①②③④⑤⑥⑦⑧⑨
8	①②③④⑤⑥⑦⑧⑨
9	①②③④⑤⑥⑦⑧⑨
10	①②③④⑤⑥⑦⑧⑨
11	①②③④⑤⑥⑦⑧⑨
12	①②③④⑤⑥⑦⑧⑨
13	①②③④⑤⑥⑦⑧⑨

2

	解答欄 1 2 3 4 5 6 7 8 9
1	①②③④⑤⑥⑦⑧⑨
2	①②③④⑤⑥⑦⑧⑨
3	①②③④⑤⑥⑦⑧⑨
4	①②③④⑤⑥⑦⑧⑨
5	①②③④⑤⑥⑦⑧⑨
6	①②③④⑤⑥⑦⑧⑨
7	①②③④⑤⑥⑦⑧⑨
8	①②③④⑤⑥⑦⑧⑨
9	①②③④⑤⑥⑦⑧⑨
10	①②③④⑤⑥⑦⑧⑨
11	①②③④⑤⑥⑦⑧⑨
12	①②③④⑤⑥⑦⑧⑨
13	①②③④⑤⑥⑦⑧⑨

3

	解答欄 1 2 3 4 5 6 7 8 9
1	①②③④⑤⑥⑦⑧⑨
2	①②③④⑤⑥⑦⑧⑨
3	①②③④⑤⑥⑦⑧⑨
4	①②③④⑤⑥⑦⑧⑨
5	①②③④⑤⑥⑦⑧⑨
6	①②③④⑤⑥⑦⑧⑨
7	①②③④⑤⑥⑦⑧⑨
8	①②③④⑤⑥⑦⑧⑨
9	①②③④⑤⑥⑦⑧⑨
10	①②③④⑤⑥⑦⑧⑨
11	①②③④⑤⑥⑦⑧⑨
12	①②③④⑤⑥⑦⑧⑨
13	①②③④⑤⑥⑦⑧⑨

理科②解答用紙・第2面

注意事項

1　問題番号 1 2 3 の解答欄は、この用紙の第1面にあります。

2　選択問題は、選択した問題番号の解答欄に解答しなさい。

4	解答欄								
	1	2	3	4	5	6	7	8	9
1	①	②	③	④	⑤	⑥	⑦	⑧	⑨
2	①	②	③	④	⑤	⑥	⑦	⑧	⑨
3	①	②	③	④	⑤	⑥	⑦	⑧	⑨
4	①	②	③	④	⑤	⑥	⑦	⑧	⑨
5	①	②	③	④	⑤	⑥	⑦	⑧	⑨
6	①	②	③	④	⑤	⑥	⑦	⑧	⑨
7	①	②	③	④	⑤	⑥	⑦	⑧	⑨
8	①	②	③	④	⑤	⑥	⑦	⑧	⑨
9	①	②	③	④	⑤	⑥	⑦	⑧	⑨
10	①	②	③	④	⑤	⑥	⑦	⑧	⑨
11	①	②	③	④	⑤	⑥	⑦	⑧	⑨
12	①	②	③	④	⑤	⑥	⑦	⑧	⑨
13	①	②	③	④	⑤	⑥	⑦	⑧	⑨

5	解答欄								
	1	2	3	4	5	6	7	8	9
1	①	②	③	④	⑤	⑥	⑦	⑧	⑨
2	①	②	③	④	⑤	⑥	⑦	⑧	⑨
3	①	②	③	④	⑤	⑥	⑦	⑧	⑨
4	①	②	③	④	⑤	⑥	⑦	⑧	⑨
5	①	②	③	④	⑤	⑥	⑦	⑧	⑨
6	①	②	③	④	⑤	⑥	⑦	⑧	⑨
7	①	②	③	④	⑤	⑥	⑦	⑧	⑨
8	①	②	③	④	⑤	⑥	⑦	⑧	⑨
9	①	②	③	④	⑤	⑥	⑦	⑧	⑨
10	①	②	③	④	⑤	⑥	⑦	⑧	⑨
11	①	②	③	④	⑤	⑥	⑦	⑧	⑨
12	①	②	③	④	⑤	⑥	⑦	⑧	⑨
13	①	②	③	④	⑤	⑥	⑦	⑧	⑨

6	解答欄								
	1	2	3	4	5	6	7	8	9
1	①	②	③	④	⑤	⑥	⑦	⑧	⑨
2	①	②	③	④	⑤	⑥	⑦	⑧	⑨
3	①	②	③	④	⑤	⑥	⑦	⑧	⑨
4	①	②	③	④	⑤	⑥	⑦	⑧	⑨
5	①	②	③	④	⑤	⑥	⑦	⑧	⑨
6	①	②	③	④	⑤	⑥	⑦	⑧	⑨
7	①	②	③	④	⑤	⑥	⑦	⑧	⑨
8	①	②	③	④	⑤	⑥	⑦	⑧	⑨
9	①	②	③	④	⑤	⑥	⑦	⑧	⑨
10	①	②	③	④	⑤	⑥	⑦	⑧	⑨
11	①	②	③	④	⑤	⑥	⑦	⑧	⑨
12	①	②	③	④	⑤	⑥	⑦	⑧	⑨
13	①	②	③	④	⑤	⑥	⑦	⑧	⑨

7	解答欄								
	1	2	3	4	5	6	7	8	9
1	①	②	③	④	⑤	⑥	⑦	⑧	⑨
2	①	②	③	④	⑤	⑥	⑦	⑧	⑨
3	①	②	③	④	⑤	⑥	⑦	⑧	⑨
4	①	②	③	④	⑤	⑥	⑦	⑧	⑨
5	①	②	③	④	⑤	⑥	⑦	⑧	⑨
6	①	②	③	④	⑤	⑥	⑦	⑧	⑨
7	①	②	③	④	⑤	⑥	⑦	⑧	⑨
8	①	②	③	④	⑤	⑥	⑦	⑧	⑨
9	①	②	③	④	⑤	⑥	⑦	⑧	⑨
10	①	②	③	④	⑤	⑥	⑦	⑧	⑨
11	①	②	③	④	⑤	⑥	⑦	⑧	⑨
12	①	②	③	④	⑤	⑥	⑦	⑧	⑨
13	①	②	③	④	⑤	⑥	⑦	⑧	⑨

(キリトリ線)

理科①解答用紙

注意事項

1　解答科目欄が無マーク又は複数マークの場合は、0点となります。
2　左右の解答欄で同一の科目を解答してはいけません。
3　訂正は、消しゴムできれいに消し、消しくずを残してはいけません。
4　所定欄以外にはマークしたり、記入したりしてはいけません。

良い例	悪い例			
●				

氏名(フリガナ)、クラス、出席番号を記入しなさい。

フリガナ	
氏名	

クラス	クラス	出席番号	番

1科目だけマークしなさい。

解答科目欄	
物理基礎	○
化学基礎	○
生物基礎	○
地学基礎	○

解答番号	解答欄 1	2	3	4	5	6	7	8	9	0	a	b
1	①	②	③	④	⑤	⑥	⑦	⑧	⑨	⓪	ⓐ	ⓑ
2	①	②	③	④	⑤	⑥	⑦	⑧	⑨	⓪	ⓐ	ⓑ
3	①	②	③	④	⑤	⑥	⑦	⑧	⑨	⓪	ⓐ	ⓑ
4	①	②	③	④	⑤	⑥	⑦	⑧	⑨	⓪	ⓐ	ⓑ
5	①	②	③	④	⑤	⑥	⑦	⑧	⑨	⓪	ⓐ	ⓑ
6	①	②	③	④	⑤	⑥	⑦	⑧	⑨	⓪	ⓐ	ⓑ
7	①	②	③	④	⑤	⑥	⑦	⑧	⑨	⓪	ⓐ	ⓑ
8	①	②	③	④	⑤	⑥	⑦	⑧	⑨	⓪	ⓐ	ⓑ
9	①	②	③	④	⑤	⑥	⑦	⑧	⑨	⓪	ⓐ	ⓑ
10	①	②	③	④	⑤	⑥	⑦	⑧	⑨	⓪	ⓐ	ⓑ
11	①	②	③	④	⑤	⑥	⑦	⑧	⑨	⓪	ⓐ	ⓑ
12	①	②	③	④	⑤	⑥	⑦	⑧	⑨	⓪	ⓐ	ⓑ
13	①	②	③	④	⑤	⑥	⑦	⑧	⑨	⓪	ⓐ	ⓑ
14	①	②	③	④	⑤	⑥	⑦	⑧	⑨	⓪	ⓐ	ⓑ
15	①	②	③	④	⑤	⑥	⑦	⑧	⑨	⓪	ⓐ	ⓑ
16	①	②	③	④	⑤	⑥	⑦	⑧	⑨	⓪	ⓐ	ⓑ
17	①	②	③	④	⑤	⑥	⑦	⑧	⑨	⓪	ⓐ	ⓑ
18	①	②	③	④	⑤	⑥	⑦	⑧	⑨	⓪	ⓐ	ⓑ
19	①	②	③	④	⑤	⑥	⑦	⑧	⑨	⓪	ⓐ	ⓑ
20	①	②	③	④	⑤	⑥	⑦	⑧	⑨	⓪	ⓐ	ⓑ
21	①	②	③	④	⑤	⑥	⑦	⑧	⑨	⓪	ⓐ	ⓑ
22	①	②	③	④	⑤	⑥	⑦	⑧	⑨	⓪	ⓐ	ⓑ
23	①	②	③	④	⑤	⑥	⑦	⑧	⑨	⓪	ⓐ	ⓑ
24	①	②	③	④	⑤	⑥	⑦	⑧	⑨	⓪	ⓐ	ⓑ
25	①	②	③	④	⑤	⑥	⑦	⑧	⑨	⓪	ⓐ	ⓑ

1科目だけマークしなさい。

解答科目欄	
物理基礎	○
化学基礎	○
生物基礎	○
地学基礎	○

解答番号	解答欄 1	2	3	4	5	6	7	8	9	0	a	b
1	①	②	③	④	⑤	⑥	⑦	⑧	⑨	⓪	ⓐ	ⓑ
2	①	②	③	④	⑤	⑥	⑦	⑧	⑨	⓪	ⓐ	ⓑ
3	①	②	③	④	⑤	⑥	⑦	⑧	⑨	⓪	ⓐ	ⓑ
4	①	②	③	④	⑤	⑥	⑦	⑧	⑨	⓪	ⓐ	ⓑ
5	①	②	③	④	⑤	⑥	⑦	⑧	⑨	⓪	ⓐ	ⓑ
6	①	②	③	④	⑤	⑥	⑦	⑧	⑨	⓪	ⓐ	ⓑ
7	①	②	③	④	⑤	⑥	⑦	⑧	⑨	⓪	ⓐ	ⓑ
8	①	②	③	④	⑤	⑥	⑦	⑧	⑨	⓪	ⓐ	ⓑ
9	①	②	③	④	⑤	⑥	⑦	⑧	⑨	⓪	ⓐ	ⓑ
10	①	②	③	④	⑤	⑥	⑦	⑧	⑨	⓪	ⓐ	ⓑ
11	①	②	③	④	⑤	⑥	⑦	⑧	⑨	⓪	ⓐ	ⓑ
12	①	②	③	④	⑤	⑥	⑦	⑧	⑨	⓪	ⓐ	ⓑ
13	①	②	③	④	⑤	⑥	⑦	⑧	⑨	⓪	ⓐ	ⓑ
14	①	②	③	④	⑤	⑥	⑦	⑧	⑨	⓪	ⓐ	ⓑ
15	①	②	③	④	⑤	⑥	⑦	⑧	⑨	⓪	ⓐ	ⓑ
16	①	②	③	④	⑤	⑥	⑦	⑧	⑨	⓪	ⓐ	ⓑ
17	①	②	③	④	⑤	⑥	⑦	⑧	⑨	⓪	ⓐ	ⓑ
18	①	②	③	④	⑤	⑥	⑦	⑧	⑨	⓪	ⓐ	ⓑ
19	①	②	③	④	⑤	⑥	⑦	⑧	⑨	⓪	ⓐ	ⓑ
20	①	②	③	④	⑤	⑥	⑦	⑧	⑨	⓪	ⓐ	ⓑ
21	①	②	③	④	⑤	⑥	⑦	⑧	⑨	⓪	ⓐ	ⓑ
22	①	②	③	④	⑤	⑥	⑦	⑧	⑨	⓪	ⓐ	ⓑ
23	①	②	③	④	⑤	⑥	⑦	⑧	⑨	⓪	ⓐ	ⓑ
24	①	②	③	④	⑤	⑥	⑦	⑧	⑨	⓪	ⓐ	ⓑ
25	①	②	③	④	⑤	⑥	⑦	⑧	⑨	⓪	ⓐ	ⓑ

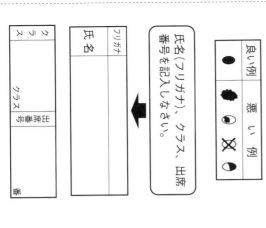

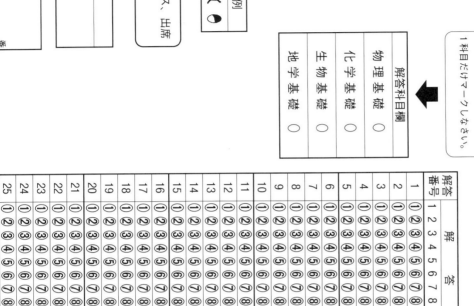

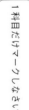

理科②解答用紙（'24年度～'21年度用）

注意事項
1　解答科目欄が無マーク又は複数マークの場合は、０点となります。
2　訂正は、消しゴムできれいに消し、消しくずを残してはいけません。
3　所定欄以外にはマークしたり、記入したりしてはいけません。

1科目だけマークしなさい。

解答科目欄	
物　理	◯
化　学	◯
生　物	◯
地　学	◯

良い例	悪い例

氏名(フリガナ)、クラス、出席番号を記入しなさい。

フリガナ	
氏名	

クラス	クラス	出席番号	番

解答番号	1	2	3	4	5	6	7	8	9	0	a	b
1	①	②	③	④	⑤	⑥	⑦	⑧	⑨	⓪	ⓐ	ⓑ
2	①	②	③	④	⑤	⑥	⑦	⑧	⑨	⓪	ⓐ	ⓑ
3	①	②	③	④	⑤	⑥	⑦	⑧	⑨	⓪	ⓐ	ⓑ
4	①	②	③	④	⑤	⑥	⑦	⑧	⑨	⓪	ⓐ	ⓑ
5	①	②	③	④	⑤	⑥	⑦	⑧	⑨	⓪	ⓐ	ⓑ
6	①	②	③	④	⑤	⑥	⑦	⑧	⑨	⓪	ⓐ	ⓑ
7	①	②	③	④	⑤	⑥	⑦	⑧	⑨	⓪	ⓐ	ⓑ
8	①	②	③	④	⑤	⑥	⑦	⑧	⑨	⓪	ⓐ	ⓑ
9	①	②	③	④	⑤	⑥	⑦	⑧	⑨	⓪	ⓐ	ⓑ
10	①	②	③	④	⑤	⑥	⑦	⑧	⑨	⓪	ⓐ	ⓑ
11	①	②	③	④	⑤	⑥	⑦	⑧	⑨	⓪	ⓐ	ⓑ
12	①	②	③	④	⑤	⑥	⑦	⑧	⑨	⓪	ⓐ	ⓑ
13	①	②	③	④	⑤	⑥	⑦	⑧	⑨	⓪	ⓐ	ⓑ
14	①	②	③	④	⑤	⑥	⑦	⑧	⑨	⓪	ⓐ	ⓑ
15	①	②	③	④	⑤	⑥	⑦	⑧	⑨	⓪	ⓐ	ⓑ
16	①	②	③	④	⑤	⑥	⑦	⑧	⑨	⓪	ⓐ	ⓑ
17	①	②	③	④	⑤	⑥	⑦	⑧	⑨	⓪	ⓐ	ⓑ
18	①	②	③	④	⑤	⑥	⑦	⑧	⑨	⓪	ⓐ	ⓑ
19	①	②	③	④	⑤	⑥	⑦	⑧	⑨	⓪	ⓐ	ⓑ
20	①	②	③	④	⑤	⑥	⑦	⑧	⑨	⓪	ⓐ	ⓑ
21	①	②	③	④	⑤	⑥	⑦	⑧	⑨	⓪	ⓐ	ⓑ
22	①	②	③	④	⑤	⑥	⑦	⑧	⑨	⓪	ⓐ	ⓑ
23	①	②	③	④	⑤	⑥	⑦	⑧	⑨	⓪	ⓐ	ⓑ
24	①	②	③	④	⑤	⑥	⑦	⑧	⑨	⓪	ⓐ	ⓑ
25	①	②	③	④	⑤	⑥	⑦	⑧	⑨	⓪	ⓐ	ⓑ

解答番号	1	2	3	4	5	6	7	8	9	0	a	b
26	①	②	③	④	⑤	⑥	⑦	⑧	⑨	⓪	ⓐ	ⓑ
27	①	②	③	④	⑤	⑥	⑦	⑧	⑨	⓪	ⓐ	ⓑ
28	①	②	③	④	⑤	⑥	⑦	⑧	⑨	⓪	ⓐ	ⓑ
29	①	②	③	④	⑤	⑥	⑦	⑧	⑨	⓪	ⓐ	ⓑ
30	①	②	③	④	⑤	⑥	⑦	⑧	⑨	⓪	ⓐ	ⓑ
31	①	②	③	④	⑤	⑥	⑦	⑧	⑨	⓪	ⓐ	ⓑ
32	①	②	③	④	⑤	⑥	⑦	⑧	⑨	⓪	ⓐ	ⓑ
33	①	②	③	④	⑤	⑥	⑦	⑧	⑨	⓪	ⓐ	ⓑ
34	①	②	③	④	⑤	⑥	⑦	⑧	⑨	⓪	ⓐ	ⓑ
35	①	②	③	④	⑤	⑥	⑦	⑧	⑨	⓪	ⓐ	ⓑ
36	①	②	③	④	⑤	⑥	⑦	⑧	⑨	⓪	ⓐ	ⓑ
37	①	②	③	④	⑤	⑥	⑦	⑧	⑨	⓪	ⓐ	ⓑ
38	①	②	③	④	⑤	⑥	⑦	⑧	⑨	⓪	ⓐ	ⓑ
39	①	②	③	④	⑤	⑥	⑦	⑧	⑨	⓪	ⓐ	ⓑ
40	①	②	③	④	⑤	⑥	⑦	⑧	⑨	⓪	ⓐ	ⓑ
41	①	②	③	④	⑤	⑥	⑦	⑧	⑨	⓪	ⓐ	ⓑ
42	①	②	③	④	⑤	⑥	⑦	⑧	⑨	⓪	ⓐ	ⓑ
43	①	②	③	④	⑤	⑥	⑦	⑧	⑨	⓪	ⓐ	ⓑ
44	①	②	③	④	⑤	⑥	⑦	⑧	⑨	⓪	ⓐ	ⓑ
45	①	②	③	④	⑤	⑥	⑦	⑧	⑨	⓪	ⓐ	ⓑ
46	①	②	③	④	⑤	⑥	⑦	⑧	⑨	⓪	ⓐ	ⓑ
47	①	②	③	④	⑤	⑥	⑦	⑧	⑨	⓪	ⓐ	ⓑ
48	①	②	③	④	⑤	⑥	⑦	⑧	⑨	⓪	ⓐ	ⓑ
49	①	②	③	④	⑤	⑥	⑦	⑧	⑨	⓪	ⓐ	ⓑ
50	①	②	③	④	⑤	⑥	⑦	⑧	⑨	⓪	ⓐ	ⓑ

(キリトリ線)

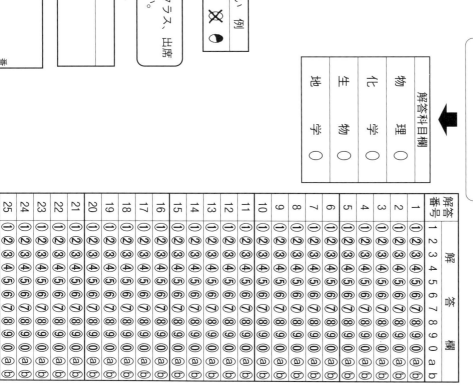